U0096423

臺灣歷史與文化 研究輯刊

二六編

第 **5** 冊

台灣與中國壁鎖之研究

余 文 章 著

花木蘭文化事業有限公司

國家圖書館出版品預行編目資料

台灣與中國壁鎖之研究／余文章 著 -- 初版 -- 新北市：花木
蘭文化事業有限公司，2024〔民 113 〕
目 16+200 面；19×26 公分
（臺灣歷史與文化研究輯刊　二六編；第 5 冊）
ISBN 978-626-344-897-1（精裝）
1.CST：房屋建築 2.CST：民族文化 3.CST：建築史
4.CST：臺灣
733.08　　　　　　　　　　　　　　　　　113009628

ISBN-978-626-344-897-1

臺灣歷史與文化研究輯刊
二六編　第 五 冊　　　　　　ISBN：978-626-344-897-1

台灣與中國壁鎖之研究

作　　者　余文章
總 編 輯　杜潔祥
副總編輯　楊嘉樂
編輯主任　許郁翎
編　　輯　潘玟靜、蔡正宣　美術編輯　陳逸婷
出　　版　花木蘭文化事業有限公司
發 行 人　高小娟
聯絡地址　235 新北市中和區中安街七二號十三樓
　　　　　電話：02-2923-1455／傳真：02-2923-1452
網　　址　http://www.huamulan.tw 信箱 service@huamulans.com
印　　刷　普羅文化出版廣告事業
初　　版　2024 年 9 月
定　　價　二六編 6 冊（精裝）新台幣 18,000 元
版權所有・請勿翻印

台灣與中國壁鎖之研究

余文章 著

作者簡介

余文章

學歷
國立嘉義大學應用歷史學系暨研究所畢業
國立嘉義大學應用歷史學碩士

經歷
國立嘉義大學兼任講師
國立中正大學兼任講師
國立嘉義大學教育推廣中心授課教師
國立中正大學清江進修推廣暨數位學習中心授課教師

現職
國立中正大學歷史學系博士生

提　　要

　　台灣傳統建築之類型與建築工法大多源自於中國，與中國傳統建築有不可切割的歷史、文化脈絡。台灣的壁鎖在台灣的中國傳統建築中是極為罕見的構件，從目前文獻與筆者田調中，發現之數量非常稀少，在歷史、文化與建築等領域，皆是值得探討的主題。本研究實地查訪台灣本島與中國大陸幾個地點，經查台灣之壁鎖有「壁鎖」「鐵鉸刀尺」「鐵剪刀」「鐵鉸刀」等名稱；中國之壁鎖則有「鐵釟鋦」「鐵釟」「螞蝗攀」「鐵株」「鐵壁虎」等稱謂。兩岸壁鎖有差異處與相同處、功能則部分相同。

　　本研究重點在於探討壁鎖之緣由、功能與文化內涵，並對中國與台灣壁鎖作歸納分析。研究方法為文獻歸納、田野調查，匠師與壁鎖所有者之訪談等，撰述內文分六章，各章概要如下：

　　第一章緒論：說明研究動機與目的、前人研究結果回顧、研究範圍與限制、研究方法、研究流程及研究架構，名詞解釋。

　　第二章探討不同面向的壁鎖：包含歷史緣由、中國傳統建築、建築裝飾、宗教民俗信仰領域及社會層面。

　　第三章：探討本研究在台灣「壁鎖」之田野調查結果。

　　第四章：探討本研究在中國「壁鎖」之田野調查結果。

　　第五章：探討台灣與中國「壁鎖」之異同之處、兩地「壁鎖」之空間配置、各建築物裝置位置、類型、意涵分析。並針對研究結果歸納為四個要點，分別為建築功能、建築裝飾、辟邪祈福、社會文化等。再對於台灣現存「壁鎖」之數量與現狀，以及存有「壁鎖」之建築物使用、保存做歸納分析。

　　第六章結論，首先提出本研究之貢獻，再以歷史與文化之角度提出建議，期望政府和民眾能重視台灣「壁鎖」這種稀少珍貴的文化資產。文末對於其他國家「壁鎖」的相關文獻做簡單探討，並對於台灣的「壁鎖」與其他曾殖民過台灣的國家如西班牙、日本、荷蘭等可能產生的歷史連結關係，列為未來的研究方向。

致謝辭

這本書能完成，要感謝的人太多了！感恩幫我解惑、提供資訊的貴人：

嘉義市　饒嘉博先生

嘉義縣朴子配天宮丁總幹事　廣穎先生

嘉義縣竹崎皓月精舍　如範法師

嘉義市　貝承融先生

嘉義市　妙雲蘭若德律法師

嘉義市　張雯峰先生暨夫人

台南市新營區　沈月心女士

台南市鹽水區八角樓　葉女士

山西省五台山　傳煜法師、楊反年師傅

上海市　許富倫先生

江蘇省常熟市　李荷英、倪雪華女士

江蘇省泰州市　顧春陽先生

江西省吉安市美陂村　李冬平女士

感謝啟發學生歷史知識的老師：

嘉義大學應用歷史系　吳昆財老師、詹士模老師、吳建昇老師

中正大學歷史系　楊宇勛老師

臺灣師範大學　方進隆教授

嘉義大學體育所　洪偉欽老師

感謝指導後學的口試教授們：

薛琴老師、王淳熙老師、戴文鋒老師。

感謝上天的庇祐，讓我在讀書、田調的過程都能平安順利。

謝謝親愛的老媽和家人的支持，讓我能隨時外出田調，沒有後顧之憂！

起風了，繼續遠航，繼續一輩子的學習之旅！

文章　嘉義

2024 春天

目

次

表目次

第一章　緒　論

第一節　研究問題與研究動機

　　古建築是文化資產的一環，在台灣與中國大陸的古建築中，除了具有歷史價值外，更有藝術，宗教，文化等重要的意涵。本研究著重在漢民族的傳統古建築，漢民族的古建築，包括皇宮、民居、寺廟等，這些古建築的結構以木材、磚石為主，並以建築裝飾使其更具美感。在古建築的諸多構件中，壁鎖是很特殊的物件，在台灣，知道壁鎖的人不多，見過的人更是稀少。

　　筆者喜愛古建築，尤其是佛寺與宮廟，除興趣之外，又因工作的關係，更常前往知名的古寺廟、古厝、書院等做田野調查，對於台灣傳統建築有一些訪查成果，但僅止於對古蹟的狂熱而已，尚無法進入歷史學的專業領域，因此對於許多古蹟、傳統建築的年代、建築構件的原由、建築物的師承流派、建築之歷史等等專業學術，始終無法進一步探究，以了解其與歷史的相關性。

　　及至進入研究所就讀，四年的歷史學學術訓練，及透過文化資產課程的學習，才了解如何觀察古建築，並且對於一直熱愛的傳統建築有更深、更廣的認識。在其後有關古蹟與文化資產的查訪中，驗證更多之前曾經看過的傳統建築及其構件，並且更能深度的了解其意義。

　　漢寶德先生說：

　　　建築，是文化的具體反映，所以一個民族的文化特質不可避免的表
　　　達在建築上。在歷史學的研究中，建築是很重要的工具，藉以瞭解

古人的特質與精神文化。〔註1〕

　　想要探究一個國家的歷史，從建築著手是一種不能避免的途徑；想要了解建築，又無可避免必須研究該建築的歷史，因此研究傳統建築與研究其歷史是必須齊頭並進的功課。

　　在筆者過去有關台灣傳統建築的田調訪查紀錄中，從建築結構的屋頂、樑柱、基座、斗栱；建築工法的木雕、石雕、磚雕；建築裝飾的彩繪、剪粘、交趾陶等等，幾乎都已經是台灣傳統建築學者專家研究多次的普遍標的，對於台灣傳統建築的研究與論述幾乎多是圍繞著上述物件，若仍要嚴格細分，尚可就該建築物或建築構件之建築匠司或藝師的流派作為不同研究的目標。筆者思考：傳統建築還有哪些專業知識是前人尚未鑽研？或者仍有研究空間的事物？經由現地查訪與文獻對照，發現「壁鎖」是很稀有的建築構件。且都存在於古建築中。更特別的是，在台灣並非每座古建築都有壁鎖。

　　筆者家鄉嘉義縣朴子市有一座著名的媽祖廟——朴子配天宮，筆者在就讀研究所之前，是以信徒與古蹟愛好者的身分入廟朝拜，因為對該廟太熟了，不覺得有甚麼特殊性；待就讀應用歷史學系研究所之後，再以歷史系學生角度進入該廟查訪，細細觀察之下，發現在該廟正殿兩側山牆均有俗稱「壁鎖」之鐵構件，其造型為「尖錐型」。

　　對於「壁鎖」，筆者曾經聽過也見過，只是並未產生想要研究的想法，待重新檢視曾經查訪拍攝的台灣傳統建築照片，發現在一些傳統建築中，諸如「台南孔廟」、「祀典武廟」、「台南西華堂」等建築物之山牆上也可看到「壁鎖」的形象。

　　經查閱有關台灣傳統建築的文獻資料，台灣古建築學者李乾朗教授在《台灣古建築圖解事典》中對於「壁鎖」一詞有如下的註釋：

> 壁鎖【鐵剪刀　鐵鉸刀】安置在山牆上的鐵件，西洋稱為「Anchor」，意為壁上之錨，以鐵條嵌入壁中再釘入房子的大樑裡，可鞏固樑與牆的接合，外觀常見者有絞刀形或S形，台南寺廟與民宅偶可見之，一說為荷蘭人引進，但中國大陸蘇州、廣西與山西等地亦可見到。台灣台南孔廟、祀典武廟之大殿皆用之。〔註2〕

　　李乾朗教授對於「壁鎖」，提出他的專業看法，筆者分析為五點：

〔註1〕漢寶德，《認識中國建築》，台北：聯經出版事業公司，1997年，頁1。
〔註2〕李乾朗，《台灣古建築圖解事典》，台北：遠流出版，2003年，頁78。

一、「壁鎖」有「鐵剪刀」「鐵鉸刀」以及「anchor」等稱呼。

二、「壁鎖」為鐵器製造，其安置地點在建築物之山牆上。

三、在台南之寺廟與民宅偶爾可以見到「壁鎖」。

四、有種說法：「壁鎖」是荷蘭人引進台灣。

五、但在中國的蘇州、廣西與山西等地也可以看到「壁鎖」。

李乾朗教授對於有關「壁鎖」的形狀、稱呼、構成物質、所在位置等提出他的專業看法，但是對於「壁鎖」的來源究從何來？並無提出具體的論述。再者，李教授認為「壁鎖」有「鐵剪刀」「鐵鉸刀」之稱呼，是否是以該物之外型稱之？若是，則筆者發現之朴子配天宮之壁鎖之造型卻為尖錐型，該如何解釋？因此，這些問題引起我的研究動機，想深入了解：

一、壁鎖是什麼類型的建築構件？

二、其緣由為何？

三、哪些地區有壁鎖？

四、什麼建築物有壁鎖？

五、為什麼那些建築物要裝置壁鎖？

第二節　研究目的與研究範圍

壹、研究目的

依上述研究動機，從而構思研究目的：

一、壁鎖的功能有哪些？

二、台灣現有壁鎖之存在地點與狀況。

三、台灣哪些建築物有壁鎖？

四、台灣壁鎖的緣由為何？

五、台灣與中國大陸壁鎖之比較，有何異同之處。

貳、研究範圍

本研究以「時間」、「空間」及「研究對象」設定研究範圍，以下詳細說明：

一、研究時間

本研究之研究時間分為兩條軸線：一條在台灣，時間點設定從漢人來台，止於現在，時間點設定基準在於探究台灣壁鎖的歷史緣由；另一條軸線在中國

大陸，時間點則從現在往上追溯，蓋因中國地大物博，歷史悠久，因此只能就目前發現的樣本抽絲剝繭，逐步往上探究。

二、研究空間

本研究之研究空間分為兩大區：一為目前存有「壁鎖」之中國大陸地區，另一為台灣發現「壁鎖」之地點，研究範圍包含中國大陸五個省份與台灣本島地區。台灣分為中部以及南部，包括彰化、雲林、嘉義、台南與屏東等縣市；中國大陸則為山西、安徽、江蘇、江西以及浙江等五個省分地區，以此設定為研究範圍。

三、研究對象

研究對象為進行田野調查中存有「壁鎖」之中國大陸以及台灣地區建築，包括此兩區域之寺、廟、官方建築及民宅建築，此兩者均以現在有設置「壁鎖」的中國傳統建築為原則，否則為例外，例如保存「壁鎖」的博物館、美術館即非本研究對象。本研究之樣本對象，係以許淑娟 2011 年之碩士論文《文化融合下的表徵——以壁鎖為例》一文之研究樣本為基礎，敘述如下：

1. 台灣中部地區二處：彰化縣一處、雲林縣一處。
2. 台灣南部地區五十五處：嘉義縣二處、台南市四十九處、屏東縣四處。
以上台灣本島共五十七處。
3. 中國山西省八處：五台山六處、平遙縣二處。
4. 江蘇省三處：常熟市一處、泰州二處。
5. 安徽省一處：安徽黃山宏村一處。
6. 江西省兩處：吉安市美陂村一處、吉安市富田古鎮一處。
7. 浙江省一處：台州市天台縣一處。
以上中國大陸共十五處。

第三節　以「壁鎖」為研究主題之先期文獻回顧

有關「壁鎖」，就國內外學術領域而言，曾進行相關議題之研究討論者，為數不多且只在幾個特定領域出現，在學術界中可說是較為稀少的研究領域。筆者對於「壁鎖」之研究，首先從「壁鎖」之名詞解釋與發現地點進行初步了解，文獻之蒐集則從「壁鎖」（anchor）的相關議題開始著手研究，期望藉由文獻之蒐集與研讀，可以了解各個不同領域，包括學術界與實務界，對於

「壁鎖」功能的解釋、應用，源由之討論與詮釋，進而探索本研究想得到的解答。至目前為止以「壁鎖」為主題之研究文獻不多，本研究從蒐集的文獻分析「壁鎖」歸納成三個面向，本節嘗試從這幾個面向中梳理出脈絡，以回顧有關「壁鎖」的文獻做初步的討論：

壹、「壁鎖」在台灣傳統建築領域之探討文獻

在「壁鎖」相關文獻中提出建築領域見解者，審其原因乃「壁鎖」均位於建築物之牆體上，大多以台灣傳統建築為主，少數則為日據時代新式建築，故壁鎖在這個領域成為建築物結構之一環，因此其認定其歸類於建築領域。黃天橫先生在 1966 年之〈臺南的壁鎖〉一文中指出：

> 臺南市古老建築物的外側壁，自頂端起向兩邊雙瀉倒的邊沿，常可看到有類似 T 型或 S 型的鐵質彎曲物裝置。這種牆壁上的特殊裝置，過去上少有人加以關心……現在將其功用分別敘述如次：……壁鎖說：寺廟、民家外側壁上裝置鐵質器物的正中有一長約二台尺左右圓鐵打入橫樑，使磚壁與樑木鎖（扣）著，以防地震時樑木脫落為其主要功用，而外側壁上的橫鐵，乃為美觀上將其彎曲為 T、S、W 等型，以壯觀瞻，所以由功用上說，應稱為「壁鎖」較為妥當。〔註3〕

黃天橫先生之研究，其結論認為「壁鎖」兼及建築結構與建築裝飾兩種功能，對於後學者之研究，啟發「壁鎖」兩種研究面向之指引。

貳、「壁鎖」在宗教民俗信仰之討論文獻

有關民俗宗教信仰相關領域，有些研究者之文獻提出「壁鎖」所在之位置，有部分設置於寺廟的山牆三角形地帶，該處常裝飾劍獅、獅頭、八寶、懸魚、祈求吉慶等辟邪吉祥圖案之交趾陶、剪黏或雕塑，因此推測「壁鎖」可能也具驅邪祈福之民俗宗教功能。朱鋒先生在 1965 年發表〈鐵鉸刀尺〉一文，文中提及台灣的「鐵鉸刀尺」，他發現在高雄壽天宮道房內壁上張貼色紙剪貼的「鉸刀尺圖紙」，詢問後方知其物件乃是鎮妖辟邪之用。接著又敘述本省民間之厭勝物，最後推測裝設在建築物外壁上的「鐵尺刀」可能是獨立大戶第宅

〔註3〕黃天橫，〈臺南的壁鎖〉，《臺灣文物論集》，南投：中華大典編印會、臺灣省文獻委員會，1966 年，頁 303～312。

方能裝設之物？〔註4〕

　　朱鋒未提出肯定的結論，因此，「壁鎖」在宗教民俗之面向尚待研究考證。

參、「壁鎖」在文化領域之討論文獻

　　關於壁鎖的碩博士學位論文並不多見，台灣研究者許淑娟於 2011 年提出《文化融合下的表徵——以壁鎖為例》一文，內容論述主要在文化領域，許淑娟共蒐集研究五十五個壁鎖樣本，以文化與經濟史為主軸，探討壁鎖樣本的類型、家族產業興衰、現況等，該文乃研究台灣壁鎖的第一本碩論，對於台灣南部近代史中的經濟活動，進行相當程度的研究，對於後續研究台灣壁鎖者有非常重要的導引作用，是研究壁鎖的重要參考文獻。〔註5〕

　　從上述三種對於以「壁鎖」為論述主題的文獻，筆者發現「壁鎖」之功能包括建築結構、建築裝飾、民俗信仰與文化領域。針對上述所提出之論述，除許淑娟之碩論探討較具廣度與深度外，筆者認為大致仍可就其已經探究的內容與結果基礎之上，循線再深入探索以追尋「壁鎖」尚未被研究之處。

第四節　研究途徑與研究方法

壹、研究途徑

　　研究途徑與研究方法，是兩種不一樣的研究概念，有許多研究者常常將這兩者混為一談，依照中央研究院近代史研究所兼任研究員朱浤源對於研究途徑之論述如下：

> 研究途徑也就是用什麼方法或標準來研究。基本上，研究工作依其性質及其相關學域有很大差異，其研究主要方向大約可分為文獻研究、歷史研究、理論研究、調查研究、測定研究、實驗研究〔註6〕。

本論文之研究途徑包括文獻研究、調查研究以及歷史研究等，分述如下：

一、文獻研究

事先蒐集與本研究主題相關的文獻資料，包括「壁鎖」、中國傳統建築、

〔註4〕　朱鋒，〈鐵鉸刀尺〉，《臺灣風物》第 15 卷第 4 期，台北：台灣風物雜誌社，1965 年，頁 25〜26。

〔註5〕　許淑娟，《文化融合下的表徵——以壁鎖為例》，台南：國立台南大學台灣文化研究所碩論，2011 年。

〔註6〕　朱浤源，《撰寫博碩士論文實戰手冊》，台北：正中書局，1999 年，頁 54。

台灣古建築、民俗宗教信仰、建築裝飾、荷蘭據台歷史、台灣的古蹟、台灣文化遺產、漢人遷徙等領域。文獻蒐集管道包含：大學圖書館、國家圖書館臺灣博碩士論文加值系統、華藝線上圖書館、國立台灣歷史博物館等。希望能蒐集到相關一手資料，以達成研究目的。

二、調查研究

主要在田野調查中使用，透過實地到樣本存在場域實施訪談與觀察，訪談對象包含建築物之所有人、使用人、建築之匠師、中國大陸古村鎮之居民，建立研究紀錄與照片。

三、歷史研究

從歷史的角度，以史實資料與方法，去探討從蒐集與田調獲得的文獻資料，並說明其中之因果關係，從而考證及比對樣本，建立可以推論未來的理論基礎，建立符合史實、客觀的研究文獻。

貳、研究方法

本論文之研究方法包括問題法、分析法、比較法、歸納法等研究方法，分述如下：

一、問題法：對於本研究主題提出質疑，產生研究動機，並尋找解答文獻。

二、分析法：將蒐集之文獻以分析法爬梳其脈絡，篩選汰除無效或不適用之文獻，建立分類系統資料檔案。

三、比較法：將建立的文獻資料以比較法做更精確、更詳細之考證，其能發現更深入、更廣泛的研究發現。

四、歸納法：將文獻檔案透過歸納法，印證研究目的、建立研究成果，確認研究是否成功？最後做出結論與建議。

第五節　名詞解釋

本研究包含幾個領域：歷史、建築結構、建築裝飾、民俗信仰、文化等。本節中之專有名詞係為本研究之定義解釋，以下逐一說明：

一、中國傳統建築

中國古建築學者梁思成先生在 1954 年著作《中國建築史》，此書中大部分資料乃是梁先生和中國營造學社的研究人員的實地調查、測量的成果。對於保

存與建立中國古建築檔案，這是非常重要的文獻。梁思成先生在書中論述許多重要的觀念與研究成果，敘述年代從中國上古時期直到民國之後，包括北宋李誡著作的《營造法式》、清代《工程做法則例》，以及在中國大陸每一朝代的建築特徵、類型、細節、實物等等，均有詳盡的說明。梁思成先生對於「中國傳統建築」之界定解釋如下：

> 從建築結構及發展方面之特徵，有以下可注意者：1.以木料為主要構材，2.以構架制為建築結構原則，亦即以「梁柱式建築」為構架主體，3.以斗栱為結構之關鍵並為度量單位，4.外部輪廓之特異。上述特點中的 4 點，重點為（1）展翼的屋頂（2）崇厚的階基（3）前面玲瓏木質的屋身，此三點亦為中國傳統建築的特色。〔註7〕

以上七點為梁思成先生對「中國傳統建築」的定義，其重點包括：木材為主建築材料、「梁柱式建築」、斗栱、展翼的屋頂、崇厚的階基。依照此定義，本研究中之建築若符合以上界定解釋者，均稱之為「中國傳統建築」，包括「台灣傳統建築」亦使用之。

二、台灣傳統建築

李乾朗教授於 1980 年出版《台灣建築史》，論述的內容包含台灣建築的成因、台灣建築與中國建築史的關係、台灣建築的工法、材料，起點從荷蘭、西班牙佔台之 1624 年，止於日據時代終結的 1945 年。包括荷西時期建築、明鄭時期建築、清代建築、日據時期之建築等。此書有助於了解台灣三百多年中的建築脈絡。〔註8〕

李乾朗教授，對於「台灣傳統建築」之界定解釋如下：

> 一般我們所謂的傳統建築，就是指由閩粵帶來源自漢文化的傳統建築，……包括閩南系建築與廣東系建築。其建築特色包含：講究中軸對稱、朝向平面擴展、反映倫理觀念、運用自然材料、木結構精神、建築的象徵意涵。〔註9〕

依照李乾朗教授的論述：「台灣傳統建築」其源流來自於中國，隨著漢人渡台移民定居，將在大陸原鄉的「中國傳統建築」技術與規制引入台灣，但隨著環境與文化之改變，也另外加入台灣建築獨特的技術與樣貌，從而形成有別

〔註7〕梁思成，《中國建築史》，台北：明文書局，1981年，頁2～5。
〔註8〕李乾朗，《台灣建築史》，台北：北屋出版，1980年。
〔註9〕李乾朗、俞怡萍，《古蹟入門》，臺北：遠流出版，1999年，頁161。

於中國的「台灣傳統建築」。

三、壁鎖

對於「壁鎖」，各研究者從不同面向有其個別的見解與定義，在台灣有「壁鎖」『鐵剪刀』、「鐵鉸刀」、「鐵鉸刀尺」等稱呼；〔註10〕在中國則有「螞蝗攀」與「鐵釟鋦」「鐵株」、「鐵壁虎」、「鐵耙子」、「鐵扒」、「牆釘」等名稱，在本研究中，為避免混淆，統一以「壁鎖」稱呼台灣與中國的「壁鎖」、「螞蝗攀」與「鐵釟鋦」，在討論各該地區之使用名稱時，再使用當地稱呼。

四、螞蝗攀

鐵製建築構件，其有穩定牆體、建築裝飾等功能，以其造型類似螞蝗，故稱為「螞蝗攀」，造型主要有螞蝗形、梭形、魚鉤形、菱形、I形等常見造型，本研究參考大陸學者以及查訪當地居民之稱呼，將此構件界定名稱為「螞蝗攀」，以別於「鐵釟鋦」。〔註11〕

五、鐵釟鋦

鐵製建築構件，其有穩定牆體、建築裝飾、祈福吉祥等功能，造型有菱形、T形、I形、螞蝗形、梭形、魚鉤形等常見造型，另外有卍字形、乜字形、十字形、剪刀形及壽字造型等特殊形狀。本研究亦參考大陸學者以及當地居民之用語，將以上所有造型之此類構件，界定名稱為「鐵釟鋦」，以別於「螞蝗攀」。〔註12〕

六、建築裝飾

中國傳統建築之建造，通常會融入傳統中華文化與儒家思想，亦即驅邪祈福的基本願望，以達到居住平安的目的。因此，有使用辟邪儀式，有使用辟邪祈福之物件，建築裝飾即是中國傳統建築中不可切割的重要元素。林會承教授對「裝飾」的解釋為：

> 「裝飾」意指傳統建築中的民俗工藝品，以下依其功用、文樣、緣由及表達分項介紹：功用……1.增加美感。2.具備吉祥、風雅等象

〔註10〕李乾朗，《台灣古建築圖解事典》，頁78。

〔註11〕錢岑，《蘇南傳統聚落建築構造及其特徵研究——以蘇州洞庭東西山古村落為例》，江蘇：江南大學設計藝術學碩論，2014年，頁74～75。

〔註12〕崔垠，《硬山民居建築的地域技術特色比較》，上海：同濟大學建築與城市規劃學院碩論，2007年，頁67。

徵。〔註13〕

依照林會承教授之解釋，建築裝飾在中國傳統建築中的意義，含有美感與吉祥的功能，亦為本研究所採用之定義。

七、辟邪

在一般台灣民俗信仰，對於驅除邪惡穢毒之事物，有採取驅邪的儀式與安置驅邪物的設施，這種行為與驅邪物有稱為「辟邪」，有稱為「厭勝」的說法，呂理政教授認為「厭勝」即是「避邪制煞」之意，亦須採用厭勝儀式達到驅邪除煞的目的，因而採用「厭勝」一名詞。〔註14〕另依照何培夫教授對於辟邪一詞的定義：「乃指辟除邪惡，具有積極與主動的態度。因為驅除邪惡與祈安求福乃一體兩面，亦即「斜去而福至」，比較符合民俗信仰的正面意圖。」〔註15〕

本研究認為「壁鎖」雖有辟邪之宗教意義，但尚無如同厭勝儀式或厭勝物之強烈壓制邪惡之作用，故採取「辟邪」之定義。

第六節　研究流程與研究架構

壹、研究流程

本研究之流程：首先提出問題，思考問題所在，產生研究動機，確立研究目的，蒐集相關文獻，進行田野調查，考證、比較、分析、歸納、篩選、汰除、選擇文獻，論述研究結果，與研究目的核對，提出結論與研究成果，提出建議，擬定未來研究方向。本研究之研究流程如圖1-1：

〔註13〕林會承，《傳統建築手冊——形式與作法篇》，1987年，頁147。
〔註14〕呂理政，〈傳統信仰與現代社會〉，台北：稻鄉出版社，1992年，頁45。
〔註15〕何培夫，〈台灣的民俗辟邪物〉，《臺灣古蹟與文物》，臺中：臺灣省政府新聞處，1997年，頁55。

圖 1-1 研究設計流程圖

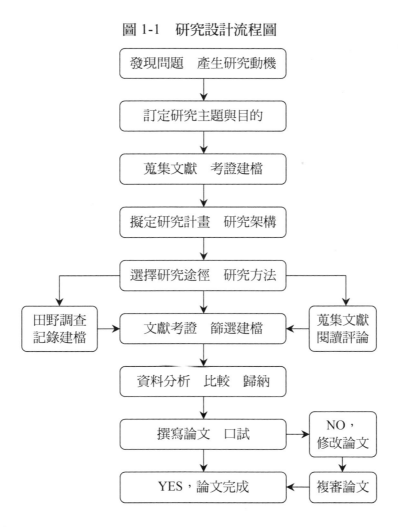

貳、研究架構

　　本研究之架構，首先對於有關台灣「壁鎖」之前人研究成果作論述；再者，對「壁鎖」之緣由、功能，提出探討；第三，對於筆者在中國與台灣的田調結果，作分析探討。第四，將蒐集之文獻與田調資料，作深度的歸納與分析。本文的第一章為緒論，第六章為結論，另分四章，詳如以下內容以下所示：

　　（一）第二章：「壁鎖」之探討，本章嘗試從建築結構、建築裝飾、宗教信仰及社會文化等幾個面向，探討台灣「壁鎖」具有的功能與意義，第二、對於台灣「壁鎖」的相關研究成果，研究者對於台灣「壁鎖」的歷史、「壁鎖」的功能與論述，作文獻評論。

　　（二）第三章：依照既定計畫，對於台灣「壁鎖」做詳細之田野調查，結

果再分析歸納紀錄。並對於壁鎖設置之建物，查閱其歷史，核對後紀錄存檔。

（三）第四章：將筆者在中國五個省分之田野調查中，所蒐集有關中國之「鐵鈀鋦」「螞蝗攀」等，在造型、功能、於建築物所在位置以及現況，核對史料與相關文獻，比較與分析歸納。

（四）第五章：探討台灣「壁鎖」與中國之「鐵鈀鋦」「螞蝗攀」在各該地域所具有的功能與意義，象徵意涵之異同處，並嘗試從歷史的角度探討台灣與中國「壁鎖」的歷史脈絡。另外，比較台灣與中國「壁鎖」之異同處。

上述之研究架構，以圖 1-2 研究架構圖呈現。

圖 1-2　研究架構圖

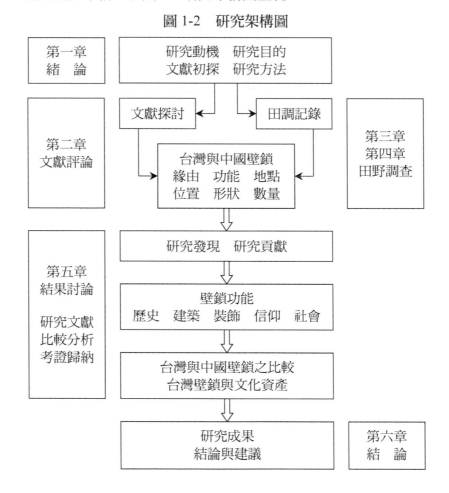

第二章　歷史文獻、前人研究及其相關探討

　　本章之論述主要在「壁鎖」的歷史源由、「壁鎖」與中國傳統建築的關係、「壁鎖」與建築裝飾的關係、「壁鎖」與宗教民俗信仰以及「壁鎖」在社會階級層面等主要研究概念與理論文獻。目的在藉由文獻回顧與探討，期能釐清有關本研究所欲解決的研究問題，並且藉由前人研究所建立的理論基礎，指引本研究之正確研究方向，從而達成研究目的。

　　本研究從文獻蒐集分析歸納以及田野調查蒐集資料兩方面進行「壁鎖」之研究，在探討前章專家學者觀點初步論述之文獻後，本章中筆者所要進行「壁鎖」之研究，乃從幾個面向著手：

　　第一節是有關「壁鎖」之起源探討，藉由爬梳文獻以探索前人對於「壁鎖」在歷史中可能相關的起源，以及其在歷史中可能存在的地位，試圖從歷史研究中釐清一些理論與觀點。

　　第二節為有關「壁鎖」與傳統建築之面向，在此節中，先回顧學者專家對於中國傳統建築之相關文獻研究，再探討「壁鎖」與傳統建築之關係論述文獻，分析「壁鎖」對於傳統建築結構的功能，最後歸納「壁鎖」在傳統建築功能之論述。

　　第三節探討「壁鎖」在傳統建築領域中，除建築結構之功能外，所具有之建築裝飾之功能。本節乃從建築裝飾之文獻中，探討建築裝飾之理論，再分析建築裝飾之類型，最後分析歸納「壁鎖」與建築裝飾之關係。

　　第四節為民俗宗教信仰方面，在此節中，著重在壁鎖之宗教信仰功能之探討；文獻回顧為辟邪吉祥面向。藉由回顧有關辟邪吉祥之相關文獻，探究「壁鎖」在宗教與民俗信仰領域中，存在的功能與定位。

　　第五節探討「壁鎖」在社會階級地位方面的「彰顯」與「炫耀」功能，藉由文獻的分析歸納，推論「壁鎖」在歷史層面的意涵，對於歷史研究方面應該具有相當的證據意義。

第一節　壁鎖起源之探討

　　對於「壁鎖」之研究，一般論述主要強調有關其傳統建築、建築裝飾、宗教民俗信仰等幾個領域外，另有學者也提出他們的看法，他們認為「壁鎖」可能具有其他功能，包括文化、歷史、功名的呈現、經濟富裕的表徵等，欲了解「壁鎖」與其他面向之關係，則必須先從壁鎖的來源文獻探討：

壹、探討壁鎖來源的史料文獻

一、在「赤崁夕照圖」中的壁鎖

　　關於「壁鎖」，因為可資研究之樣本不多，且年代久遠，故史料之蒐集不易，依臺灣歷史之演進，須從荷蘭據台後，較有可能發現相關文獻，之後為明鄭時期、清領時期、日據、民國等。在史料中明確呈現「壁鎖」者，依筆者之研究，年代最早且最明確之史料為清代王必昌、魯鼎梅《重修台灣縣志》繪圖中之赤崁夕照圖。〔註1〕如圖 2-1、圖 2-2。何培夫教授論述：

> ……再觀清乾隆十七年（1752）王必昌《重修臺灣縣治》所附〈赤崁夕照〉一圖，赤崁樓南向兩處山牆上仔細描繪著剪刀與 S 形狀的線條，荷蘭人在台灣建造的普羅民遮城（即今赤崁樓）也有壁鎖的蹤跡！〔註2〕

　　《重修臺灣縣志》係清乾隆十四年（1749）八月上任之臺灣縣知縣魯鼎梅於乾隆十六年（1751）倡議重修而成之史書，編纂擔任主修者為魯鼎梅，總輯為德化進士王必昌，該書於乾隆十七年（1752）刻印成書。

〔註1〕王必昌總輯，《重修臺灣縣志》（1752），高賢治主編，《臺灣方志集成清代篇》第一輯第 12 本，臺北：宗青圖書，1995 年，頁 68。

〔註2〕何培夫，〈台南安平的民俗辟邪物〉，《驅邪納福：辟邪文物與文化圖像》，國立傳統藝術中心，2004 年，頁 46～47。

圖 2-1　赤嵌夕照圖中之壁鎖

（資料來源：王必昌、魯鼎梅，《重修台灣縣志》）

在圖 2-1 與圖 2-2 中，可以看到在舊赤嵌樓上左邊山牆上有一支「魚鉤狀壁鎖」，另外在右邊山牆上有一支「剪刀狀壁鎖」與兩支「S 形壁鎖」。

圖 2-2　赤嵌夕照圖之壁鎖放大圖

（資料來源：王必昌、魯鼎梅，《重修台灣縣志》）

赤嵌樓乃荷蘭人於西元 1653 年創建，原稱普羅民遮城（Provintia），漢人則稱之為「赤嵌樓」、「番仔樓」或「紅毛樓」。赤嵌樓從荷蘭人據臺時期便是行政中心，與安平古堡相望，控制台江內海。西元 1661 年鄭成功驅逐荷蘭人後，即改普羅民遮城為承天府。清康熙二十二年（1683）台灣入清朝版圖，清初台江尚未淤塞前，浪濤可直達赤崁樓，「赤嵌夕照」為當時勝景。〔註3〕

從上述圖與文字之史料文獻推論，西元 1653 年創建的赤嵌樓，直到清乾隆十七年（1752）王必昌、魯鼎梅刻印《重修台灣縣志》時，仍可供遊客參觀遊憩，重點是在圖中建築物之山牆上可見到「壁鎖」，此為「壁鎖」研究在史料上的珍貴文獻資料。

二、前人研究關於「史料」之論述

對於前人研究壁鎖之文獻中有論述史料者，目前本研究蒐集到之文獻者包括 1.黃天橫先生 1966 年的〈台南的壁鎖〉；〔註4〕2.張崑振等學者〈台南地區傳統建築壁鎖之研究〉，1997 年；〔註5〕3.許淑娟《文化融合下的表徵——以壁鎖為例》，2011 年；〔註6〕4.蔡明峰，〈淺談傳統建築山牆之拉結鐵件構造：比較臺南市「壁鎖」與江蘇、徽州「鐵鈀鋦」之研究〉，2015 年；〔註7〕5.蔡明峰，〈淺談原臺南市的「壁鎖」源起與構造〉，2017 年。〔註8〕等計五篇，以下分別討論之：

1. 黃天橫〈台南的壁鎖〉：

黃天橫在其文中「五、壁鎖在文獻上的紀載與其年代」論述台南壁鎖的來源：

> 臺南市裝置壁鎖的寺廟與民家，尚有二十餘處，以建蓋年代推定，
> 有鄭氏時代永曆年間，清代的康熙、嘉慶、道光、咸豐及光緒年間。
> 究竟文獻上有無記載，經查閱各種文獻，僅林謙光的「台灣紀略」
> 與黃叔璥的「赤嵌筆談」有左記二節而已。抄錄如次：

〔註3〕 何培夫，《臺灣古蹟與文物》，臺中：臺灣省政府新聞處，1997 年，頁 112～114。
〔註4〕 黃天橫，〈臺南的壁鎖〉，《臺灣文物論集》，頁 307～308。
〔註5〕 張崑振、徐明福、張嘉祥、王貞富，〈台南地區傳統建築壁鎖之研究〉，1997 年，頁 77～79。
〔註6〕 許淑娟，《文化融合下的表徵——以壁鎖為例》，頁 3～4。
〔註7〕 蔡明峰，〈淺談傳統建築山牆之拉結鐵件構造：比較臺南市「壁鎖」與江蘇、徽州「鐵鈀鋦」之研究〉，2015 年，頁 2～4。
〔註8〕 蔡明峰，〈淺談原臺南市的「壁鎖」源起與構造〉，《歷史臺灣》第 13 期，臺南：國立臺灣歷史博物館，2017 年，頁 183～184。

安平鎮城在一鯤身之上，……紅毛築城用大甎、桐油灰共搗而成，城基入地丈餘，深廣亦一、二丈，城墻各垛，俱用鐵釘釘之，方圓一里，堅不壞，……紅毛戴石堅築，水衝不崩。——台灣紀略

安平城一名甎城，紅毛相其地脈，為龜蛇相會穴，城基入地丈餘，雉堞俱釘以鐵。今郡中居民牆垣，每用鐵以束之，似仍祖其制也，牆上置大礮十五位，年久難於演放，澎湖亦有紅毛城，久廢。——赤嵌筆談。

以上為黃天橫抄錄林謙光的〈台灣紀略〉與黃叔璥的〈赤嵌筆談〉中二節之敘述。黃天橫依據以上二段文獻論述：

……據第二節一段：「雉堞俱釘以鐵。今郡中（臺南市）居民牆垣，每用鐵以束之，似仍祖其制也」等語，我們可以確定台南市的壁鎖是傳自安平鎮城一事，已不容置疑了。

在此段中，黃天橫先生表示確定「台南市的壁鎖是傳自安平鎮城」，其所依據者乃為「雉堞俱釘以鐵。今郡中（臺南市）居民牆垣，每用鐵以束之，似仍祖其制也」等語。因此，他據以認為台南市的壁鎖即來自於安平城。

對於黃天橫先生的論點，筆者認為有些疑點值得探討，首先對「雉堞」一詞進行探討，關於文獻中對於「雉堞」之論述與註釋，辭典之解釋綜合如下：

【雉堞】雉是三丈長一丈寬的城牆。堞是女牆，是城上凹凸相連有如齒狀，作為掩護的矮牆。雉堞，泛指城牆。堞：城上如齒狀的矮牆。亦稱女墻。女墻：城牆上的凹凸狀矮墻。也稱女垣。〔註9〕

另依據梁思成等學者注釋「雉堞」的含意，「雉」者乃量詞，古代計算城牆面積的單位，長三丈，高一丈為一雉。「堞」者，城上女垣，亦即女牆。〔註10〕

李乾朗教授在《台灣古建築圖解事典》對於「雉堞」之注釋為：

〔註9〕凌紹雯、高樹藩等編，〈新修康熙字典〉，台北：啟業書局，1996年，頁212、256；臺灣中華書局編輯部，《辭海》（臺十二版），台北：臺灣中華書局，1974年，頁166、187；夏征農主編，《辭海》（初版），台北：臺灣東華書局，1992年，頁4915、901、1691；三民書局編纂委員會編，《大辭典》（初版），台北：三民書局，1985年，頁5149、909、1071、1072；陳振鵬、章培恆主編，《古文鑒賞辭典》（上冊），上海：上海辭書出版社，1997年，頁650～651。

〔註10〕梁思成，《營造法式注釋》，台北：明文書局，1984年，頁29；潘谷西、郭湖生、劉敘杰、侯幼彬、樂衛忠等編，《中國建築史》（新一版），台北：六合出版社，1994年，頁53；張志遠，《台灣的古城》，台北縣：遠足文化出版，2007年，頁44。

雉堞:【城垛】城牆上朝城外的矮牆,其上設有窺孔及射孔,窺孔多
為方眼,可作外小內大之洞。射孔為狹長的缺口,適合弓箭手或槍
手射擊之用。台灣的雉堞多以紅磚砌成。〔註11〕

李乾朗教授並於該書中附圖說明高雄左營鳳山縣舊城東門、臺南大南門與
台北東門之城門、城牆與雉堞型式,〔註12〕如圖 2-3、圖 2-4、圖 2-5 所示。

圖 2-3　高雄左營鳳山縣舊城東門　　　　圖 2-4　臺南大南門

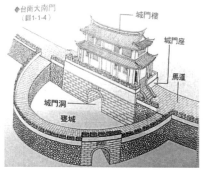

（資料來源：李乾朗,2003 年）

圖 2-5　台北東門

（資料來源：李乾朗,《台灣古建築圖解事典》,2003 年,頁 40～41）

〔註11〕李乾朗,《台灣古建築圖解事典》,頁 42。
〔註12〕同上註,頁 40～41。

楊怡瑩於其碩論《清代至日治時期恆春城內空間變遷研究（1875～1945）》中，論述城牆與雉堞：

> 清代台灣地區的城池，屬於軍事防禦型城池，有恆春縣城、澎湖廳
> 二城……恆春城有強烈的軍事防禦性格……城牆採取了防禦性能高
> 的土牆外築夯土，內部填碎石、廢土，鋪面與雉堞使用紅磚……。
>
> 〔註13〕

楊怡瑩於其論文中另提出「恆春城牆復原剖面圖」、「重建後的東門城樓」與「修復後北門城牆外觀圖」等三張圖，對於研究雉堞、女牆及古代城牆建築之研究者提供珍貴的參考。如圖 2-6、圖 2-7、圖 2-8 所示。〔註14〕

圖 2-6 上方凹凸狀矮牆稱為「雉堞」，「雉堞」下方平整的硓咕石矮牆為女牆。

從上述論述中，可以了解「雉堞」乃為古城牆上面呈凹凸形的矮牆，其主要目的在於防禦外來敵人之攻擊，透過「雉堞」上的窺孔觀察敵情，另外經由缺口處射擊敵人。因此，「雉堞」之功能實為城牆對外禦敵的防禦工事，城牆上之步道稱為「馬道」，為守軍移動之用，如圖 2-6、圖 2-7、圖 2-8 所示。

圖 2-6　恆春城牆復原剖面圖

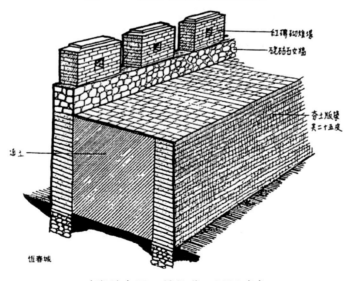

（資料來源：楊怡瑩，2008 年）

〔註13〕楊怡瑩，《清代至日治時期恆春城內空間變遷研究（1875～1945）》，台北：國
　　　　立臺北藝術大學建築與古蹟保存研究所碩論，2008 年，頁 46～47。
〔註14〕同上註，頁 46～49。

圖 2-7　重建後的東門城樓圖　　　圖 2-8　修復後北門城牆外觀

（資料來源：楊怡瑩，2008 年）

由以上文獻可知，對於黃天橫先生引述林謙光的「台灣紀略」與黃叔璥的〈赤嵌筆談〉中之文字：

　　……據第二節一段：「雉堞俱釘以鐵。今郡中（臺南市）居民牆垣，每用鐵以束之，似仍祖其制也」等語，我們可以確定台南市的壁鎖是傳自安平鎮城一事，已不容置疑了。

關於黃天橫先生上述論點，筆者尚存疑點，爰引用上述文獻加以探討：「雉堞俱釘以鐵」，此「鐵」是否即為「壁鎖」？

若依上述文獻推論，筆者認為「雉堞俱釘以鐵」之鐵，則恐非為「壁鎖」。筆者所持理由有二：

理由一：張崑振等學者於其研究中論述「壁鎖」的功能，認為其功能之一是對於傳統建築的梁柱結構產生加強穩固作用，其作法是透過「壁鎖」之嵌鉤從外牆插入楹仔或梁柱中與楹仔、梁柱結合，以防止楹仔、梁柱等因外力或地震而脫落或移動。〔註15〕關於壁鎖與牆體之結合方式，蔡明峰在其論文中繪製壁鎖、山牆、楹仔之關係示意圖〔註16〕，如圖 2-9 所示。

從圖 2-9，我們可以了解壁鎖之功能與使用機制，在參考上述論述「雉堞」功能的文獻，則上述「雉堞俱釘以鐵」之「鐵」則恐非為「壁鎖」，因雉堞係位於城牆之外牆上，依常理而言，後面即為馬道，並無檁柱、桁檁可資依附，且亦無需依附他物。參考圖 2-7、圖 2-8。

〔註15〕張崑振、徐明福、張嘉祥、王貞富，〈台南地區傳統建築壁鎖之研究〉，《建築學報》第 23 期，頁 76。
〔註16〕蔡明峰，《歷史臺灣》第 13 期，頁 201。

圖 2-9　壁鎖、山牆、楹仔之關係示意圖

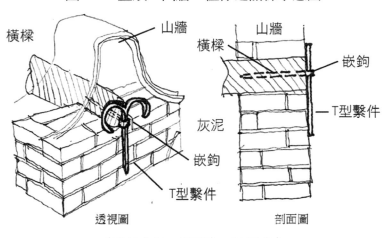

（資料來源：蔡明峰，2017 年）

　　理由二，所謂「雉堞俱釘以鐵」之意，若是從城牆防禦工事著眼，則其「釘之鐵」應為鐵片或鐵皮，方可能達成抵禦敵人武器之攻擊之目的。但依目前研究所得，「壁鎖」之形式多為柱狀，尚未發現片狀之「壁鎖」，因此，「雉堞俱釘以鐵」，尚難據以證明即為「壁鎖」。如圖 2-10、圖 2-11，分別為尖錐型與 S 形壁鎖。

圖 2-10　嘉義朴子配天宮壁鎖　　　　圖 2-11　屏東九如龔家壁鎖

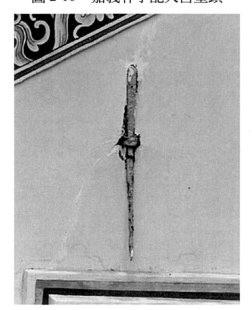

（資料來源：筆者拍攝，2019 年）

關於「雉堞俱釘以鐵」之文句，筆者查閱史料與相關之文獻如下：

1. 林謙光之《臺灣紀略》（1685）中記載：

   安平鎮城，在一鯤鯓之上，……紅毛築城用大磚、桐油灰共搗而成，城基入地丈餘，深廣亦一、二丈，城墙各垛，俱用鐵釘釘之，……。
   〔註17〕

2. 高拱乾之《臺灣府志》（1694）卷二中記載：

   安平鎮城在鳳山縣轄安平鎮一昆身之上。係紅彝歸一王所築。用大磚、桐油、灰共搗而成。城基入地丈餘，城牆各垛俱用鐵釘釘之。周圍廣二百二十七丈六尺、高三丈餘；城內屈曲如樓台。辛丑年，鄭成功率舟師下之，即其城而居焉。今尚存。〔註18〕

3. 黃叔璥之〈赤嵌筆談〉（1724）中記載：

   ……安平城一名磚城，紅毛相其地脈為龜蛇相會穴，城基入地丈餘，廣二百七十七丈六尺、高三丈有奇，雉堞俱釘以鐵。今郡中居民，牆垣每用鐵以束之，似仍祖其制也。城上置大砲十五位，年久難於演放。彭湖亦有紅毛城，久廢。〔註19〕

4. 王必昌之《重修臺灣縣志》（1752）中紀錄：

   赤嵌城：亦名安平城，在安平鎮一鯤鯓，……城基坊廣二百七十六丈六尺，高三丈有奇。為兩層，各立雉堞，釘以鐵。〔註20〕

5. 余文儀之《續修台灣府志》（1762）卷十九記載：

   紅毛城：在安平鎮。亦名安平城，又名赤嵌城。荷蘭於一鯤身頂築小城，又繞其麓而周築之為外城。城垣用糖水調灰迭磚，堅埒於石；凡三層。……雉堞俱釘以鐵。〔註21〕

6. 薛志亮主修之《續修臺灣縣志》（1807）卷五記載：

   赤嵌城亦名台灣城：在安平鎮一鯤身。……明萬曆末，荷蘭設市於此，築磚城，制若崇台。海濱沙環水曲曰灣；又泊舟處概謂之灣。

〔註17〕 林謙光，《澎湖臺灣紀略》（1685），《臺灣文獻叢刊》第104種，臺北：台灣銀行經濟研究室，1961年，頁58。

〔註18〕 高拱乾編修，《臺灣府志》，臺北：文建會，2004年，頁93～94。

〔註19〕 黃叔璥，〈赤嵌筆談〉，《臺海使槎錄》，《台灣文獻叢刊》第4種，臺北：台灣銀行經濟研究室，1958年，頁19。

〔註20〕 王必昌總輯，《重修臺灣縣志》（1752）卷十五〈雜記〉，高賢治主編，《臺灣方志集成清代篇》第一輯第12本，頁529～543。

〔註21〕 余文儀，〈續修臺灣府志〉（1762）卷十九，頁841。

此台灣所由名也。城基方廣二百七十六丈六尺，高凡三丈有奇，<u>為</u>
<u>兩層，各立雉堞，釘以鐵</u>，……。〔註22〕

7. 余文儀之《續修台灣府志》（1762）卷二記載：

台灣府城台灣縣附郭：雍正元年，台灣縣知縣周鍾瑄創建。以木柵
為城，周二千一百四十七丈；設東、西、南、北大門四，東、南、北
小門三。雍正十一年，周植刺竹。乾隆元年，易七門以石，<u>雉堞釘</u>
<u>鐵皮</u>，樓護女牆；為窩鋪十有五。……。〔註23〕

以上七段有關「雉堞俱釘以鐵」之史料，除余文儀於《續修台灣府志》卷
二，文中記載「以石雉堞釘鐵皮」外，餘均記為「雉堞俱釘以鐵」，但一至六
段之記載主體均為「安平城」，第七段則是紀錄「台灣府城」，因此兩者仍有其
差異：

（1）「安平城」為荷蘭人建造，「台灣府城」則為漢人建築。

（2）其建築材料與工法也有差異，「安平城」之「雉堞」「俱釘以鐵」，此
「雉堞」依照前面文獻論述可以解釋為城上排列如齒狀的矮牆，也可以泛指城
牆，但前面已論述不論是如齒狀的矮牆、女牆或城牆，應該是沒有釘「壁鎖」
的需要。

觀察現今「熱蘭遮城」遺跡，南側牆壁上留有數個壁鎖痕跡（如圖2-12），
在該城牆的北側，留有一排幾乎等距且等高的洞穴（如圖2-13）。

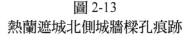

圖2-12　　　　　　　　　　　　　　　圖2-13
熱蘭遮城南側城牆與壁鎖痕跡　　　熱蘭遮城北側城牆樑孔痕跡

（資料來源：筆者拍攝，2019年）

〔註22〕薛志亮主修、謝金鑾、鄭兼才總纂，《續修臺灣縣志》卷五，臺北：文建會，
　　　　2007年，頁448～449。
〔註23〕余文儀，〈續修臺灣府志〉（1762）卷二，頁151。

　　如果依照「壁鎖」在建築上結合梁柱的功能，則北側的洞穴應該是作為「壁鎖」桁樑之結合裝置之用，關於此點論述，日據時期臺灣總督府技師栗山俊一於〈論安平城址與赤嵌樓〉一文中提到：

　　　　南側牆壁之上方，有附著金屬物，這是荷蘭建築的特徵……這並非裝飾，而是在城壁內側的倉庫或士兵宿舍的小屋樑的一端裝置的金屬，用以鉤住牆壁，預防脫離。該牆北側的壁上有設計金屬連接樑柱的孔穴。〔註24〕

　　從上述論述，可以確認「熱蘭遮城」南側城牆壁鎖痕跡與該城北側城牆樑孔痕跡，是有其建築結構上的關係。但為何該城南側城牆上為何會裝置壁鎖？且北側城牆上為何會有留有樑孔痕跡？關於此點，有四位研究者提出其論述：

　　1. 村上直次郎記載：「……一六二六年二月九日戴維特的報告又說：奧倫治城今由中國人和公司員工全力趕建之中，城壁的一邊已用紅磚和石灰砌成，厚六呎，由此牆蓋十二呎寬的屋頂，可做為彈藥庫和砲手的寢室……。」〔註25〕

　　2. 日本建築史學者藤島亥治郎著、趙芳如譯之《台灣原味建築》一書對於熱蘭遮城的論述中提到：

　　　　……根據前日本總督府技師栗山俊一工學士所發表的資料，……牆壁內面，也就是城內這一邊的北壁，在離地高度約十四尺（約四點二公尺）的牆面，鑽穿有一列長一尺四寸（約四十二點四公分），寬七寸五分（約二十二點七公分）的孔，每隔三尺四寸五分（約一公尺）就一個，共三十五個，它的上方有五個孔。……，根據推測，這些牆壁上的孔，也就是城內建築物的架樑處，有人利用城牆做為建築物的背壁，鑽孔架樑以建造新屋。有趣的是，在城南，也就是城外這些鑽孔的部位，在石灰壁面上可以看到約五處用蕨手狀金屬零件打造的痕跡，這是把樑固定在牆壁上的金屬零件，在一九三〇年代的荷蘭本地仍普遍採用。〔註26〕

〔註24〕栗山俊一，〈安平城址と赤崁樓に就て〉，《臺灣文化史說》，臺南市：臺南州共榮會台南分會，1930 年，頁 172～173。

〔註25〕村上直次郎著，石萬壽譯，〈熱蘭遮城築城始末〉，《臺灣文獻》第 26 卷第 3 期，1975 年，頁 118。

〔註26〕藤島亥治郎著，趙芳如譯，《台灣原味建築》，台北：原民文化，2000 年，頁 308。

　　藤島亥治郎在上述文字中引述栗山俊一的研究推測，敘述「熱蘭遮城」北側「牆壁上的孔」，亦即該城內建築物的架樑處，而南側城牆壁上之「金屬零件打造的痕跡」則是「把樑固定在牆壁上的金屬零件」。此一說法，應該是最符合實際狀況的推測。

　　3. 葛康馨論述：「據說，當時荷蘭人有一常用的建築手法，即利用城壁築屋，其多半是兵營，但屋壁同時也是城堡的作法，也是頗為特別的。」〔註27〕

　　4. 栗山俊一在上文中論述：「當代的荷蘭人也都採用這樣建造營房、倉庫的方式建造各處的城堡。」〔註28〕

　　依據上述四種文獻，筆者認為「熱蘭遮城」南側城牆壁鎖痕跡與該城北側城牆樑孔痕跡，其形成原因可能來自於當時荷蘭人特殊的建造城牆與營房倉庫的工法，即以城牆為屋牆，而本應為馬道之處卻蓋屋頂，才有「雉堞俱釘以鐵」之句。

　　另外，有關余文儀在《續修台灣府志》中提及台灣府城「雉堞釘鐵皮」文句，筆者依據前述文獻推論，台灣府城之雉堞釘以鐵皮，其目的乃在防禦敵人之攻擊，對於守城的士兵而言，可以增加其防禦之安全性，再以雉堞之形狀與構造觀之，包覆鐵皮應是合理的工法。

　　對於前面論及，前人研究壁鎖之文獻中有論述史料者，共有五篇文獻：

　　1. 黃天橫先生之〈台南的壁鎖〉。

　　2. 張崑振等學者〈台南地區傳統建築壁鎖之研究〉，1997 年。〔註29〕

　　3. 許淑娟《文化融合下的表徵——以壁鎖為例》，2011 年。〔註30〕

　　4. 蔡明峰，〈淺談傳統建築山牆之拉結鐵件構造：比較臺南市「壁鎖」與江蘇、徽州「鐵釟鋦」之研究〉，2015 年。〔註31〕

　　5. 蔡明峰，〈淺談原臺南市的「壁鎖」源起與構造〉，2017 年。〔註32〕等

　　黃天橫先生之論述已經予以探討，另外張崑振等學者之四篇文獻均曾參考黃叔璥，〈赤嵌筆談〉，《臺海使槎錄》與林謙光，《澎湖臺灣紀略》等二篇史

〔註27〕葛康馨，〈城垣記事——再探熱蘭遮城〉，《興大歷史學系刊　興史風》第 19 期，台中：國立中興大學史學會，1972 年，頁 15。

〔註28〕栗山俊一，〈安平城址と赤崁樓に就て〉，1930 年，頁 173。

〔註29〕張崑振、徐明福、張嘉祥、王貞富，〈台南地區傳統建築壁鎖之研究〉，頁 77。

〔註30〕許淑娟，《文化融合下的表徵——以壁鎖為例》，頁 3〜4。

〔註31〕蔡明峰，〈淺談傳統建築山牆之拉結鐵件構造：比較臺南市「壁鎖」與江蘇、徽州「鐵釟鋦」之研究〉，《104 年博物館與臺灣史論文發表會》，（九）-2。

〔註32〕蔡明峰，〈淺談原臺南市的「壁鎖」源起與構造〉，《歷史臺灣》第 13 期，頁 183。

料。這些學者研究與「壁鎖」可能相關之文獻，對於「壁鎖」之起源研究，均有一定的貢獻。但歸納其對於「壁鎖」起源之論述，與黃天橫先生之觀點相似，因此不再探討。

貳、近代學者有關台灣「壁鎖」由來之探討

關於近代學者研究「壁鎖」之起源文獻，有別於上述之史料，包括如下：

一、黃天橫先生於 1976 年時，於《台灣文獻》發表〈歐洲的壁鎖〉一文，論述歐洲行所見之「壁鎖」分布情形及可能起源地探索。黃天橫先生在 1976 年〈歐洲的壁鎖〉一文中論述：「……。至於壁鎖的起源到底是荷蘭還是任何國家這個問題，因為歐洲很多國家都是毗鄰的，互相容易受影響，因此起源斷定難以急遽下論……。」〔註33〕

黃天橫先生認為「因為歐洲很多國家都是毗鄰的，互相容易受影響」，且文獻不足以確認壁鎖的起源，因此在此文之論述中，黃天橫先生對於壁鎖的起源，仍未能確定。

二、李乾朗教授在《台灣建築史》一書中論述：「……另外提到的，是外城壁上發現有固定木樑的鐵件，即臺南一帶古建築山牆上的鐵家刀。」〔註34〕同書附圖109之文字說明：「臺南武廟山牆上之 S 形鐵件據傳為荷人所傳下之技術。」〔註35〕

在此書中，李乾朗教授提出「鐵家刀」之稱謂，對於 S 形鐵件之來源也只是稱其據傳來自荷蘭人。

三、林會承教授於其所著《傳統建築手冊——形式與作法篇》一書，對於「壁鎖」之論述如下：「在台南一帶的傳統建築，其山尖邊緣常見剪刀形或『S』形鐵件，當地人稱為『鐵剪刀』。此種鐵件據說係由荷蘭人所引進……。」〔註36〕

林會承教授指出在台南一帶的傳統建築物的山尖部位，可發現「壁鎖」，其名稱為「鐵剪刀」，其來源「據說係由荷蘭人所引進」。此段論述中林會承教授認為壁鎖是否傳自荷蘭？並未確認，仍有待研究。

四、李乾朗教授在《台灣傳統建築》一書中論述：

〔註33〕黃天橫，〈歐洲的壁鎖〉，《台灣文獻》新 2 期，南投：臺灣省文獻委員會，1976年，頁131。

〔註34〕李乾朗，《台灣建築史》，臺北：北屋出版，1980 年，頁73。

〔註35〕同上註，頁79。

〔註36〕林會承，《傳統建築手冊——形式與作法篇》，頁57。

臺南附近的建築使用鐵件製造的壁鎖，形狀有如「S」形，……在中
國大陸也可見到壁鎖，它的形狀有很多種，……臺南附近民居的山
牆上可以見到有如剪刀形的壁鎖，據說這是荷蘭人留下來的建築特
色。〔註37〕

　　同書中又敘述：「壁鎖──安置在山牆上的鐵件，可鞏固樑與牆的結合，
中國與西洋都有。」〔註38〕

　　在此書中，李教授對於壁鎖提出更進一步的論述，包括壁鎖的材質、形
狀、功能、並提及中國大陸也有壁鎖，但是對於壁鎖之來源仍未確認。

　　五、李乾朗教授在《台灣建築閱覽》中論述：

荷蘭人在歐洲被稱為低地國，他們在軟質地基上建屋的技術很高明。
他們在台南沿海的一鯤身沙洲上建造台灣第一座城堡，自 1624 年動
工，至 1634 年才大體上落成，稱為熱蘭遮城（Zeelandia）。……，
牆上有兩種痕跡值得注意，一是鐵絞刀的遺跡，這是在歐洲常可見
的壁鎖（Anchor），證明荷人引進了歐洲的建築技術，雖然這種鐵器
在中國內陸如廣東或山西也可見到。……〔註39〕

　　在此書中，李乾朗教授敘述荷蘭人的建築技術與壁鎖的關係，並提出「鐵
絞刀」的名稱，最後論證荷蘭人引進建築技術，但這種鐵件在廣東與山西亦可
見到。由此，我們可以瞭解壁鎖與荷蘭人的關係，也知道中國大陸有壁鎖。

　　六、高燦榮教授著《燕尾‧馬背‧瓦鎮》，書中針對台灣古厝的屋頂型態
做分析論述，重點包含屋頂型態、裝飾、屋頂與社會、歷史的關係。書中有一
章討論〈荷蘭人對古厝屋頂的影響〉，〔註40〕該篇論述荷蘭人佔台後的建築，
從而對台灣漢人古厝屋頂的影響，文中提到壁鎖的型態、可能的起源、及在歐
洲看到壁鎖從而確認台灣的鐵剪刀傳自荷蘭應屬無誤。關於此論點，筆者認為
可能須要更明確的文獻方可證明。

　　七、高燦榮教授於 1993 年發表〈臺灣建築「鐵剪刀」的原鄉探索〉一文，
對「鐵剪刀」有幾點論述，他引用朱鋒與黃天橫的論述，提出「壁鎖」「鐵剪
刀」「鐵家刀」「鐵絞刀尺」等名稱；再者，他認同「壁鎖」的強化建築以及裝

〔註37〕李乾朗，《台灣傳統建築》，台北：台灣東華書局，1996 年，頁 22～23。
〔註38〕同上註，頁 164。
〔註39〕李乾朗，《台灣建築閱覽》，台北：玉山社出版，1996 年，頁 55。
〔註40〕高燦榮，〈荷蘭人對古厝屋頂的影響〉，《燕尾‧馬背‧瓦鎮》，台北：南天書局，
　　　　1989 年，頁 141～144。

飾的功能；第三，提出荷蘭學者施博爾（Prof. Kristofer M. Schipper）以及日籍技師栗山俊一氏之文獻，推測「壁鎖」來自於荷蘭引進台灣。之後其經由在歐洲留學過程中，親自觀察到荷蘭、比利時、盧森堡、法國、義大利等地均有鐵剪刀的物件。此篇文獻對於鐵剪刀在歐洲的存在領域，有更廣闊的證明，但是尚無法證明鐵剪刀的出現年代，以及其與其他國家的關係。〔註41〕

八、李乾朗教授在《台灣古建築圖解事典》中註解：

壁鎖【鐵剪刀　鐵鉸刀】安置在山牆上的鐵件，……，台南寺廟與民宅偶可見之，一說為荷蘭人引進，<u>但中國大陸蘇州、廣西與山西等地亦可見到</u>。台灣如台南孔廟、祀典武廟之大殿皆用之。〔註42〕

李乾朗教授論述認為：「壁鎖」不一定是荷蘭人引進，因為中國大陸蘇州、廣西與山西等地亦可見到。

九、傅朝卿教授在《台灣建築的式樣脈絡》中提及：「台南市孔廟創建至今已有三百多年，……台南市孔廟大成殿之空間相當接近一正方形，……。兩側山牆亦有『鐵剪刀』構件，為受荷蘭建築影響的構件。」〔註43〕

傅朝卿教授在該書中，從建築史學之角度，簡單而明確的論述「鐵剪刀」構件受到來自於荷蘭建築的影響。他以「鐵剪刀」稱呼「壁鎖」，應該是以剪刀形式的「壁鎖」為認定標準，再者，該書為通論型的介紹，尚無法深入且有系統的了解為何「鐵剪刀」構件受到來自於荷蘭建築的影響。

十、李乾朗、閻亞寧、徐裕健等教授在《圖解台灣民居》中論述：

壁鎖，在台灣又稱鐵剪刀，在荷蘭是一種常用來固定木樑和磚牆的鐵製構件，稱錨（Anchor）。17世紀荷據時期曾引入這種構件，目前在台灣城殘跡（1624年）仍可見。在康熙以前的建築仍可見到，但乾隆以後不復見，是建築斷代史上的重要依據。<u>這種作法是否確受荷蘭影響抑或由大陸傳入，目前尚無法確認</u>。〔註44〕

在該書中，李乾朗等三位教授探討台灣「壁鎖」的功能與可能存在的年代，但是對於「壁鎖」之來源仍無法確認。

〔註41〕高燦榮，〈臺灣建築「鐵剪刀」的原鄉探索〉，《藝術家雜誌》第223號，臺北：藝術家出版社，1993年，頁172～177。

〔註42〕李乾朗，《台灣古建築圖解事典》，頁78。

〔註43〕傅朝卿，《台灣建築的式樣脈絡》，台北：五南圖書，2013年，頁23。

〔註44〕李乾朗、閻亞寧、徐裕健，《圖解台灣民居》，新北市：楓書坊文化，2017年，頁104，註51。

十一、張崑振等學者引述黃叔璥、林光謙、朱鋒、黃天橫等人之文獻：「……由此可知，壁鎖的來源應當和荷蘭建築之制有所關聯才是，此或可為壁鎖來源之論證依據。」

該文結論又論述：「綜合起來，台南地區壁鎖的建築技術自荷蘭人引入之後，即在本地流傳發展，進一步成為台灣傳統閩南建築的一部份。」〔註45〕

由此可知，張崑振等學者認為壁鎖的來源應當和荷蘭有關。

十二、許淑娟在《文化融合下的表徵——以壁鎖為例》一文中，對於壁鎖的源起，認為應該是由荷蘭傳入。〔註46〕

十三、蔡明峰引述許淑娟、李乾朗、林會承、林謙光、朱鋒、高燦榮等學者之文獻，認為台南地區的壁鎖極有可能源自於荷蘭人所引入的歐洲建築技術。〔註47〕

十四、李乾朗教授在《台灣傳統建築》中論述：「在中國大陸也可見到壁鎖，它的形狀有很多種，但作用仍是加固木樑柱與牆壁的結合。」〔註48〕

該書22頁之附圖，可以清楚地見到有別於台灣常見壁鎖的壽字壁鎖和燕子形壁鎖，可見中國大陸確實有壁鎖的存在，如圖2-14。

圖2-14　中國大陸壽字壁鎖和燕子形壁鎖〔註49〕

（資料來源：李乾朗《台灣傳統建築》，1998年）

〔註45〕張崑振、徐明福、張嘉祥、王貞富，〈台南地區傳統建築壁鎖之研究〉，《建築學報》第23期，頁77～79、88。
〔註46〕許淑娟，《文化融合下的表徵——以壁鎖為例》，頁3～4。
〔註47〕蔡明峰，〈淺談傳統建築山牆之拉結鐵件構造：比較臺南市「壁鎖」與江蘇、徽州「鐵釟鍋」之研究〉，《104年博物館與臺灣史論文發表會》，頁2～3；蔡明峰，〈淺談原臺南市的「壁鎖」源起與構造〉，《歷史臺灣》第13期，頁183～184。
〔註48〕李乾朗，《台灣傳統建築》，頁22。
〔註49〕同上註。

第二節 「壁鎖」與傳統建築之探討

壁鎖，在傳統建築上具有加強結構穩固功能，欲了解壁鎖如何達成此建築結構上的功能，則必須先了解傳統建築。因「壁鎖」位於傳統建築的牆體上，為建築物結構之一環，與傳統建築有相關，在此論點下，本節從建築領域之文獻做回顧與探討，包括中國傳統建築與台灣傳統建築。

壹、中國傳統建築概述

本小節中主要從文獻中探討中國傳統建築之構件與其功能，透過本小節的敘述，期能釐清壁鎖與傳統建築結構之關係。中國傳統建築依其建築結構，可分為三大部分：屋頂、屋身、基座。〔註50〕如圖2-15所示。以下分別論述：

圖2-15　中國傳統建築結構三大部分

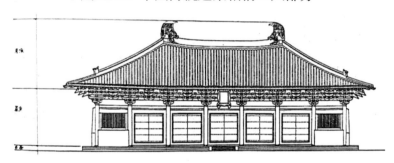

（圖片來源：傳熹年，2004年）〔註51〕

一、屋頂

屋頂是中國傳統建築最特殊、與世上其他國家建築完全不同的地方，關於中國傳統建築的屋頂種類，梁思成先生在〈漢代建築特徵之分析〉一文中指出：「中國屋頂式樣有四阿（清式稱廡殿），九脊（清稱歇山）、不廈兩頭（清稱懸山），硬山，攢尖五種。漢代五種均已備矣。」〔註52〕

由此得知，中國傳統建築之屋頂種類，在漢朝即以完備幾種最重要的形式。

傳統建築的屋頂依照其屋頂形式可分為廡殿、歇山、懸山、硬山、捲棚、攢尖等幾種較常看到的類型，另外可再細分為重檐、單檐等造型，從而變化出廡殿重檐、歇山重檐、廡殿單檐、歇山單檐等造型。在帝制時代，對於建築有

〔註50〕漢寶德，《認識中國建築》，台北：聯經出版事業公司，1997年，頁86。
〔註51〕傳熹年，《中國古代建築十論》，上海：復旦大學出版社，2004年，頁19。
〔註52〕梁思成，《中國建築史》，頁44～45。

嚴格的規定，屋頂的種類造型有階級之分，廡殿重檐是最高級的造型，歇山重檐次之、第三是廡殿單檐、第四是歇山單檐、接續是懸山、硬山、捲棚、攢尖等造型。各種屋頂類型如下論述：

（一）廡殿：廡殿是中國傳統建築最高等級的屋頂類型，廡殿的定義是：

指屋頂四面均向下斜，且四面屋檐都伸出牆外。除正脊以外，有四條垂脊，又稱「五脊殿」。有一層的屋檐為單檐如圖 2-16；有兩層的屋檐為重檐如圖 2-17。

圖 2-16　廡殿單檐　　　　　　　圖 2-17　廡殿重檐

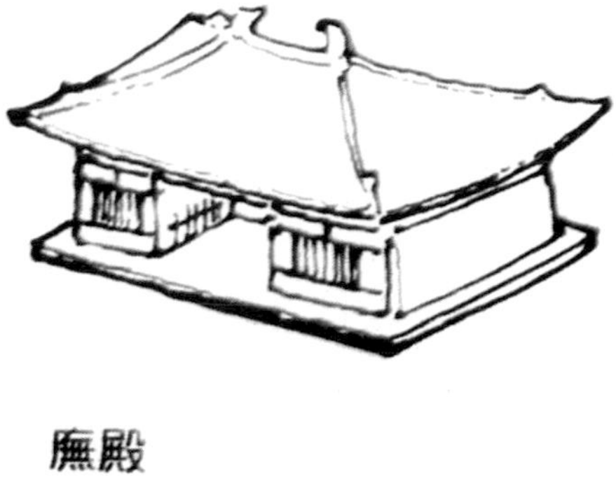

廡殿

重檐廡殿

（圖片來源：樓慶西，1997 年）〔註 53〕　（圖片來源：樓慶西，1997 年）〔註 54〕

傳統建築各種屋頂形式以廡殿頂最為尊貴，廡殿又分為重檐和單檐，重檐等級高於單檐，「重檐廡殿頂」只有在皇家建築及宗教建築才可使用。〔註 55〕

（二）硬山：屋頂採兩面坡的形式，並且在屋頂前後檐向前挑出，在房屋的左右兩側，屋頂與山牆相接，這種屋頂稱為硬山〔註 56〕，如圖 2-18。

（三）懸山：屋頂採兩面坡的形式，並且在屋頂前後檐向前挑出，屋頂在房屋的左右兩側也挑出牆面者，稱為懸山〔註 57〕，如圖 2-19。

（四）歇山：於四面坡的廡殿頂，在左右兩面加上一個懸山式屋頂的山面，即稱為歇山式的屋頂〔註 58〕，如圖 2-20。若是歇山重檐型式，則是比單歇山之等級更高，如圖 2-21。

〔註 53〕樓慶西，《中國建築形態與文化》，台北：藝術家出版社，1997 年，頁 12。
〔註 54〕同上註。
〔註 55〕同上註，頁 12～13。
〔註 56〕樓慶西，《中國建築形態與文化》，頁 12。
〔註 57〕同上註。
〔註 58〕同註 35。

圖 2-18　硬山　　　　　　　圖 2-19　懸山

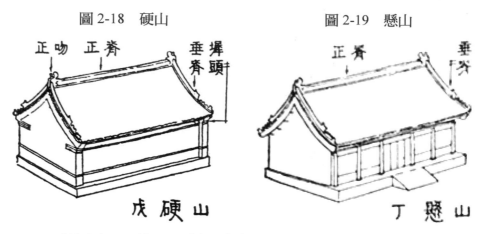

（圖片來源：劉治平，《中國建築類型與結構》，1984 年）〔註 59〕

圖 2-20　歇山　　　　　　　圖 2-21　歇山重檐

（圖片來源：樓慶西，1997 年）　　（圖片來源：劉治平，1984 年，頁 388）
〔註 60〕　　　　　　　　　　　　　〔註 61〕

二、屋身結構方式

　　中國傳統建築以木結構為構架，依靠木結構的卯榫結合，將整個建築物建構起來，大致來說是梁與柱的結合，可細分為抬樑式、穿斗式、擱檩式等幾個大木作，以下分項論述：

　　（一）抬樑式：屋架以水平的下層通樑抬上層通樑，通樑與通樑之間以瓜柱或斗承接連接成階梯狀，梁將承受的重量轉壓在柱上，用材較粗，柱距較

〔註 59〕劉治平，《中國建築類型與結構》，新北市：尚林出版社，1984 年，頁 388。
〔註 60〕樓慶西，《中國建築形態與文化》，頁 12。
〔註 61〕劉治平，《中國建築類型與結構》，頁 388。

大，室內空間較寬敞，廟宇較常使用，台灣匠師亦稱趖瓜疊斗棟架〔註62〕，如圖 2-22、圖 2-23。

圖 2-22　抬樑式棟架

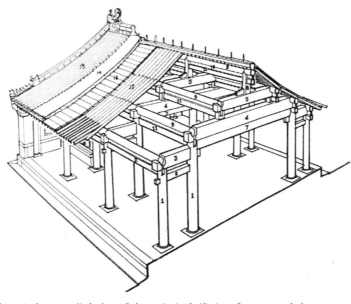

（圖片來源：傅熹年，《中國古代建築十論》，2004 年）〔註63〕

圖 2-23　抬樑式棟架

（資料來源：筆者拍攝，嘉義朴子配天宮，2016 年）

〔註62〕李乾朗，《台灣古建築圖解事典》，頁 94。
〔註63〕傅熹年，《中國古代建築十論》，頁 17。

　　（二）穿斗式：以較多但是斷面較細的柱子為支架，再以扁方形斷面的橫枋穿過柱子的榫洞，編成格子狀的屋架〔註64〕，如圖 2-24、圖 2-25。

圖 2-24　穿斗式棟架

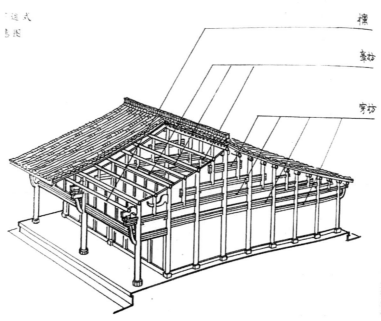

（圖片來源：傳熹年，2004 年）〔註65〕

圖 2-25　穿斗式屋架　包覆在牆體中

（資料來源：筆者拍攝，2016 年）

〔註64〕傳熹年，《中國古代建築十論》，頁 17。
〔註65〕同上註，頁 17。

（三）擱檁式：直接將桁直接置擱在山牆上的屋架，山牆上緣留設凹洞，桁木可插入牆體一半以上，或直接伸出屋檐，形成懸山式屋頂，如圖 2-26、圖 2-27。

圖 2-26　擱檁式大木作

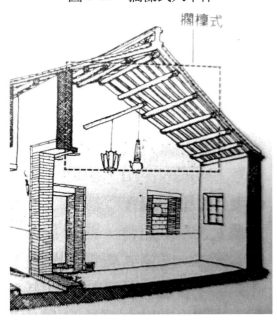

（資料來源：李乾朗，《台灣古建築圖解事典》，2003 年，頁 95）〔註66〕

圖 2-27　擱檁式屋架

（資料來源：筆者拍攝，2016 年）

〔註66〕李乾朗，《台灣古建築圖解事典》，頁 95。

三、牆壁

牆壁位於台基之上，中國傳統建築因為是以木結構為主，所以在建築中，牆壁一般不承重，多是隔間作用，但若是擱檁式大木作，該山牆就是承重牆。一般而言，屋頂重量是依賴梁柱支撐的，所以有「牆倒屋不塌」的說法。〔註67〕室外牆壁有石砌、板土築、磚砌等類型；室內牆壁可用其它材料建造，如木板牆、編竹夾泥牆等。以下就與本研究有關的「牆壁」之分類敘述：

（一）牆壁之分類

1. 山牆：對於山牆，學者有如下的註解：林會承教授認為「山牆是建築物的側牆，台灣傳統建築之硬山與懸山式屋頂之山牆，其上半部為三角形稱為「山尖」，下半部為矩形；中國閩浙一帶山牆為防阻火災，常將其山牆建造高過屋頂，稱為「封火山牆」〔註68〕。如圖2-28與圖2-29之馬祖封火山牆，屬於閩東式山牆。圖2-30與圖2-31則為浙江之封火山牆。

李乾朗教授解釋：「規壁【建築物左右兩側上端像山形的牆壁，也稱作山牆、鵝頭、馬背、圓仔頭、歸壁、大規壁】，其形狀有金木水火土五行的象徵意義。「規」字是指弧形的曲線」……在中國長江一帶，常有階梯狀的封火山牆，又稱馬頭牆〔註69〕，如圖2-32所示。

圖2-28　馬祖之封火山牆	圖2-29　馬祖之封火山牆

（資料來源：筆者拍攝，2016年）

〔註67〕梁思成，《新訂清式營造則例及算例》，台北：明文書局，1985年，頁36～37；樓慶西，《中國建築形態與文化》，頁40；林會承，《傳統建築手冊——形式與作法篇》，頁49。

〔註68〕林會承，《傳統建築手冊——形式與作法篇》，頁51。

〔註69〕李乾朗，《台灣古建築圖解事典》，頁77、78。

圖 2-30　浙江烏鎮之封火山牆　　　圖 2-31　浙江國清寺之封火山牆

（資料來源：筆者拍攝，2007 年）　　（資料來源：筆者拍攝，2017 年）

圖 2-32　安徽宏村之馬頭牆

（資料來源：筆者拍攝，2018 年）

中國學者王其鈞對於山牆的見解則為：

> 山牆，砌築於建築物兩端的牆體，以支撐建築物上部的屋山。山牆
> 的下部一般就是方正的、堅固的牆體。而上部則大多為三角形，這
> 樣的山牆大多出現在硬山、懸山建築中……在南方一些民居建築中，
> 山牆上部也不是典型的三角形樣式，而往往做成階梯形的防火牆
> 形……山牆的上部高出屋面，最高能達到 1M 多，具有很好的防火
> 作用……這樣的山牆稱為「防火山牆」。

山牆除以上之上層結構外，另外還有其他部分，王其鈞另註解「下鹼就是
山牆下面的一段，大概占山牆的三分之一……」〔註70〕

〔註70〕王其鈞，《中國建築圖解詞典》，新北市：楓樹坊文化出版社，2017 年，頁 21。

中國學者田永復則論述山牆為：「硬山尖山牆是指將山牆頂端隨坡屋面形式做成尖端，整個牆體分為上身、群肩（下肩），山尖三部分……」〔註71〕

綜合以上幾位學者對於山牆之論述，本研究歸納山牆為「建築物兩側的牆體，其結構由下至上分別為下鹼（下肩）、上身、山尖三部分。山尖大多為三角形，山尖至下鹼之中間這段稱為上身，最下一段為下鹼（下肩）。」〔註72〕如圖 2-33 所示。

圖 2-33　硬山山牆

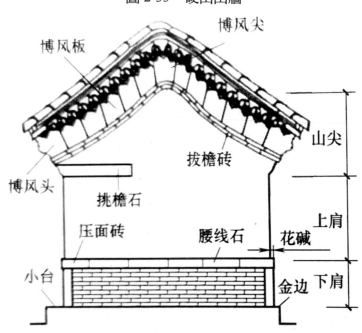

（資料來源：徐錫玖主編，
《中國仿古建築構造與設計》，2017 年，頁 116）〔註73〕

2. 檐牆：位於建築物前後檐，從底部到頂部。分為前後檐牆，在建築物前面者為「前檐牆」；在建築物後面者為「後檐牆」。〔註74〕

3. 廊牆：位於前後檐牆兩側與山牆相接的牆。〔註75〕

〔註71〕田永復，《中國古建築知識手冊》第二版，北京：中國建築工業出版社，2019年，頁 236。

〔註72〕徐錫玖主編，《中國仿古建築構造與設計》，北京：化學工業出版社，2017 年，頁 115、116。

〔註73〕徐錫玖主編，《中國仿古建築構造與設計》，頁 116。

〔註74〕林會承，《傳統建築手冊──形式與作法篇》，頁 51。

〔註75〕同上註。

4. 墀頭：硬山的山牆若出檐則前後山牆要出到台基邊上，這段多出來的檐柱之外的山牆的上部，就叫做「墀頭」。〔註76〕如圖 2-34。

圖 2-34　台南佳里震興宮墀頭

（資料來源：筆者拍攝，2016 年）

（二）山牆的細部解釋

因為台灣的壁鎖多裝置在傳統建築的山牆之上，故須對山牆細部做較詳細的敘述。台灣傳統建築的山牆，通常可見到幾個部分，依照李乾朗教授之解釋如下：

1. 鵝頭墜：【脊墜】，位於規壁山尖處的裝飾，多以螭虎銜磬牌及摺巾為題材，嘉南一帶寺廟多喜用獅子銜劍。相類似於宋《營造法式》所謂的懸魚，〔註77〕如圖 2-35。

2. 懸魚：懸山頂的山尖因屋簷懸挑在外，為了加強前後兩坡的封簷板交接部分，乃又增加了「懸魚」雕花木板，如同一尾倒吊著的魚……，但台灣古建築未見……，〔註78〕如圖 2-36。

3. 烟板：山牆規帶下的灰泥帶，亦有以木板製成，常塗刷黑色或青色，留白邊，邊端常繪成布巾狀，且表面略斜起，可使雨水不沾壁。〔註79〕如圖 2-37。

〔註76〕王其鈞，《中國建築圖解詞典》，頁 19。
〔註77〕李乾朗，《台灣古建築圖解事典》，頁 78。
〔註78〕李乾朗，《台灣古建築圖解事典》，頁 78。
〔註79〕同上註。

4. 鳥踏：在山牆外面以磚砌成凸出的水平線條，……類似中國北方之五花山牆。其功能原來是防止壁面淋雨，後來漸轉變為裝飾帶。〔註80〕如圖2-38。

圖 2-35　台南佳里震興宮鵝頭墜　　　圖 2-36　山西平遙雙林寺懸魚

（資料來源：筆者拍攝，2017 年）　　　（資料來源：筆者拍攝，2018 年）

圖 2-37　鹿港文開書院烟板　　　　圖 2-38　彰化鹿港龍山寺鳥踏

（資料來源：筆者拍攝，2016 年）　　　（資料來源：筆者拍攝，2014 年）

　　以上係為台灣傳統建築之山牆較常見到的建築構件，在本研究中論述壁鎖的功能之一是加強建築物結構之穩固，此功能主要在於設置壁鎖的位置，亦即較常見壁鎖的山牆部分常是桁樑與牆體結合的部位，因此設置壁鎖即為加強建築物結構之穩固。

貳、「壁鎖」與傳統建築

　　本節主要探討傳統建築與「壁鎖」之關係，從筆者蒐集關於「壁鎖」之相關研究文獻中發現，學術界中對於「壁鎖」之功能抱持的看法，有部分是在於加強建築物之穩固性，藉由「壁鎖」之物理結構，對於傳統建築之外牆與主架

構的桁梁緊密結合，從而減低因外力造成的損害，亦即壁鎖之建築結合性功能。本研究嘗試從文獻中梳理出脈絡，探討敘述如下：

一、專文論述「壁鎖」之文獻

（一）期刊論文

1. 朱鋒先生在 1965 年發表〈鐵鉸刀尺〉一文，這是有關「壁鎖」研究的早期文獻，朱鋒先生認為「鐵鉸刀尺」的功能之一是若遇到地震時，有防止樑桁脫落的建築結構功能。朱鋒先生在此篇短文中提出「鐵鉸刀尺」的名稱，這是首次出現在目前蒐集到的文獻中的稱呼。〔註81〕

2. 黃天橫先生在〈臺南的壁鎖〉文中指出：

> 臺南市古老建築物的外側壁，自頂端起向兩邊雙瀉倒的邊沿，常可看到有類似 T 型或 S 型的鐵質彎曲物裝置。這種牆壁上的特殊裝置……，也有人稱其為「壁鎖」……寺廟、民家外側壁上裝置鐵質器物的正中有一長約二台尺左右圓鐵打入橫樑，使磚壁與樑木鎖（扣）著，以防地震時樑木脫落為其主要功用，而外側壁上的橫鐵，乃為美觀上將其彎曲為 T、S、W 等型，以壯觀瞻，所以由功用上說，應稱為「壁鎖」較為妥當。上述兩說，見仁見智各有不同的觀點，我暫採用壁鎖作為其名稱。〔註82〕

黃天橫先生此篇論文發表於 1966 年，對於「鐵鉸刀尺」與「壁鎖」的論述更為深入，且提出照片、繪圖，並論述壁鎖之形式、功能，對於後學者而言，是非常很珍貴的文獻。

3. 黃天橫先生在 1976 年〈歐洲的壁鎖〉一文中論述：

> ……，東西方之差異是，東洋的只在建築物的側面，且沿著建築物蓋子的規帶釘入樑材而已，歐洲的壁鎖是在建築物的前後面及側面且上方及下方都有。這點是由建築物構造之差異而來的差異，其加強建築物構造之牢固的目標是一致的……。〔註83〕

黃天橫先生認為「歐洲壁鎖」和「東洋壁鎖」在建築上都有加強建築物構造的目標功能，所不同者在於壁鎖所處位置的不盡相同，東洋的壁鎖只位於建築物的側面，而歐洲壁鎖遍及建築物之前後上下方。此段論述為黃天橫先生對

〔註81〕朱鋒，〈鐵鉸刀尺〉，《臺灣風物》第 15 卷第 4 期，頁 25～26。
〔註82〕黃天橫，〈臺南的壁鎖〉，《臺灣文物論集》，頁 303～312。
〔註83〕黃天橫，〈歐洲的壁鎖〉，《台灣文獻》新 2 期，頁 123～130。

於東西方壁鎖之建築功能相同性之認同。

4. 張崑振、徐明福、張嘉祥與王貞富等學者在 1997 年〈台南地區傳統建築壁鎖之研究〉一文對於壁鎖，其主要論述如下：

> 一方面從形制的角度出發，探討壁鎖在意義、名稱、構造、功用、分佈、型態等課題，另一方面則以西華堂的壁鎖為例，從結構分析的角度來探討壁鎖與其他構件的結構關係。〔註84〕

張崑振等教授之此文，內容論述歐洲的 anchor 在台南的俗稱，包括「壁鎖」、「鐵鉸刀尺」與「壁鎖」。以「壁鎖」之名稱論述，則其功用為：

> 利用此一構件可以將外牆壁體與屋內楹仔做一緊密的結合、鎖住（或扣住），以防止楹仔因外力（如地震）作用而脫落，這對僅將楹仔（桁或楹仔）「置放」於承重牆體上的結構體而言，無疑地更增加了建築物的安全性。很明顯地，若專就其功能而言，「壁鎖」一詞無疑地完全表白了此類構件的特點。〔註85〕

此論述在壁鎖於建築結構之角度探討而言，也支持壁鎖對於加強建築物結構穩固性功能之看法。

5. 蔡明峰在 2015 年提出〈淺談傳統建築山牆之拉結鐵件構造：比較臺南市「壁鎖」與江蘇、徽州「鐵釟鋦」之研究〉一文，此篇論文將臺南市的「壁鎖」與江蘇、徽州之「鐵釟鋦」透過文獻產生連結，在這篇文獻中，蔡明峰引述了許淑娟（2011）碩士論文《文化融合下的表徵——以壁鎖為例》、大陸研究者崔垠（2007）碩士論文《硬山民居建築的地域技術特色比較》和錢岑（2014）之碩士論文《蘇南傳統聚落建築構造及其特徵研究——以蘇州洞庭東西山古村落為例》等三篇論文。在兩篇大陸研究者之論述，重點在江蘇與徽州之類似「壁鎖」的建築鐵構件，其名稱為「鐵釟鋦」和「螞蝗攀」，與台灣「壁鎖」之差異性。

蔡明峰此篇論文主要參考許淑娟之研究論文，另加入作者個人對壁鎖之研究以及兩位大陸研究者的研究結論，對於兩岸壁鎖之研究，具有相當程度的貢獻。〔註86〕

〔註84〕張崑振、徐明福、張嘉祥、王貞富，〈台南地區傳統建築壁鎖之研究〉，頁76。
〔註85〕張崑振、徐明福、張嘉祥、王貞富，〈台南地區傳統建築壁鎖之研究〉，頁76。
〔註86〕蔡明峰，〈淺談傳統建築山牆之拉結鐵件構造：比較臺南市「壁鎖」與江蘇、徽州「鐵釟鋦」之研究〉，《104年博物館與臺灣史論文發表會》，頁（九）-1～（九）-29。

6. 蔡明峰在 2017 年發表〈淺談原臺南市的「壁鎖」源起與構造〉一文，此篇文獻仍築基於許淑娟（2011）碩論與其於 2015 年提出〈淺談傳統建築山牆之拉結鐵件構造：比較臺南市「壁鎖」與江蘇、徽州「鐵釱鋦」之研究〉等兩篇文獻、另再加入有關台灣地震的分析統計資料，仍對於臺南市的「壁鎖」研究有一定的貢獻。〔註87〕

（二）學位論文

1. 大陸研究者崔垠於 2007 年提出《硬山民居建築的地域技術特色比較》碩士論文，該論文以大陸硬山式民居建築為研究樣本，探討地域性建築技術之特色，其中提到牆體穩定相關構造作法，有一個措施是以「鐵扒鋦」作為加強建築結構的構件〔註88〕。在這篇碩論提到「鐵扒鋦」構件，其基本功能和台灣「壁鎖」非常類似，其餘內容，包含中國傳統建築的許多專業名詞與做法，對於傳統建築不很了解的讀者，在閱讀上可能比較吃力，但對於要研究壁鎖者，是值得參考的文獻。

2. 大陸研究者錢岑於 2014 年提出《蘇南傳統聚落建築構造及其特徵研究——以蘇州洞庭東西山古村落為例》之碩論，該文以蘇州南部古村落的傳統建築為研究樣本，以傳統建築的構造與技術為研究目的，在文中論述為了加強牆體的穩定性，有兩種工法，一是收水，一是使用「螞蝗攀」鐵構件〔註89〕。從文中得知「螞蝗攀」也是和台灣壁鎖很類似之物，但仍有些差異。

此篇碩論和崔垠 2007 之碩論許多相似之重點，仍以傳統建築為研究重點，所不同者，崔垠以硬山式民居為研究對象，錢岑以蘇州南部為研究範圍，但其文中仍有許多專業名詞，需要對中國傳統建築有一定的研究方能了解。

3. 許淑娟在 2011 年碩論《文化融合下的表徵——以壁鎖為例》中對於壁鎖之論述：

> 壁鎖的用途……用「壁鎖」一詞，顧名思義，是牆壁上具有和鎖一般功用的扣件，利用此一構件可以將外牆與屋內的橫樑緊密的結合在一起，如同用鎖扣住一般，以防止橫木因外力（如地震）作用而脫落。這對僅以「置放」於牆體上的橫梁而言，無疑地更增加了建

〔註87〕 蔡明峰，〈淺談原臺南市的「壁鎖」源起與構造〉，《歷史臺灣》第 13 期，頁 181～207。

〔註88〕 崔垠，《硬山民居建築的地域技術特色比較》，頁 67。

〔註89〕 錢岑，《蘇南傳統聚落建築構造及其特徵研究——以蘇州洞庭東西山古村落為例》，頁 74～75。

築物的安全性。因此，專就其作用而言，「壁鎖」一詞完全表達了此
類構件的特點。〔註90〕

　　許淑娟對於「壁鎖」於建築物結構功能的敘述，也呼應前述研究者的看法，
均認為「壁鎖」是結合楹仔（桁或楹仔）與外牆的鐵製構件。可以增加了建築
物的安全性。

二、內文部分探討「壁鎖」的文獻

（一）專書

1. 李乾朗教授在《台灣建築史》一書中論述：

　　……另外提到的，是外城壁上發現有固定木樑的鐵件，即臺南一帶
　　古建築山牆上的鐵家刀。〔註91〕同書附圖109之文字說明：「臺南武
　　廟山牆土之S形鐵件據傳為荷人所傳下之技術。」〔註92〕

　　在此書中，李乾朗教授提出「鐵家刀」之稱謂，另外，他也提出「鐵家刀」
是固定木樑的鐵件之看法。

2. 李乾朗教授在《台灣建築史》中附圖2-5說明提及：「熱蘭遮城牆上可
見鐵絞刀形壁鎖（Anchor）痕跡」；另該書附圖2-6亦說明「在臺南武廟鎖發
現的鐵壁鎖（Anchor）。」〔註93〕如圖2-39所示。

圖2-39　臺南武廟發現的鐵壁鎖

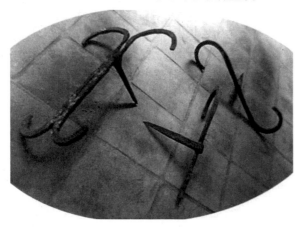

（資料來源：李乾朗，《台灣建築史》，2008年）

〔註90〕許淑娟，《文化融合下的表徵——以壁鎖為例》，頁4。
〔註91〕李乾朗，《台灣建築史》，台北：北屋出版，1980年，頁73。
〔註92〕同上註，頁79。
〔註93〕李乾朗，《台灣建築史》，台北：五南圖書，2008年，頁32～33。

3. 高凱俊在《臺灣城殘蹟》中敘述：

> 在外城南側城牆外壁面上部，有蠔殼灰漿剝落類似羊角或剪刀的潰痕五處，那是金屬壁鎖存在的證明，亦是荷蘭建築上的特徵，<u>此構件乃城壁內側的倉庫或兵舍的小屋樑之尖頭所安裝的壁鎖，用以鉤住牆壁，預防離脫</u>。在這片壁北側的表面，於壁鎖舊痕處，設有入樑的穴孔。又離地面約十四尺的地方，有高一尺四寸五分之穴孔三十五個，各距三尺四寸五分，此亦利用城壁建造層樓所開的樑孔。〔註94〕

高凱俊在此書中，敘述台灣城遺跡上之壁鎖痕跡、功能，並認為該壁鎖痕跡係為舊台灣城樑與城壁之結構之用。但高凱俊之論述，在此書中未見有進一步之文獻佐證與支持。

4. 李乾朗、閻亞寧、徐裕健等三位教授在《圖解台灣民居》中對於壁鎖之論述解釋如下敘述：

> 壁鎖，在台灣又稱鐵剪刀，<u>在荷蘭是一種常用來固定木樑和磚牆的鐵製構件</u>，稱錨（Anchor）。17世紀荷據時期曾引入這種構件，目前在台灣城殘跡（1624年）仍可見⋯⋯。〔註95〕

李乾朗等三位教授，在上書中論述，認為壁鎖在荷蘭是用來固定木樑和磚牆的鐵製構件，此亦說明壁鎖乃作為建築結構上的功能佐證。

5. 林會承教授於其所著《傳統建築手冊——形式與作法篇》一書，對於「壁鎖」之論述如下：

> 在台南一帶的傳統建築，其山尖邊緣常見剪刀形或「S」形鐵件，當地人稱之為「鐵剪刀」。此種鐵件據說係由荷蘭人所引進，<u>其外端抵住山牆，後尾插入屋架桁檁中，以防止桁檁移位，其主要目的為增強結構而非用以裝飾</u>。〔註96〕

林會承教授指出在台南一帶的傳統建築物的山尖部位，可發現「壁鎖」，其名稱為「鐵剪刀」，其來源「據說係由荷蘭人所引進」，其主要目的係「為增強結構而非用以裝飾」。此段論述中林會承教授認為壁鎖主要功能在於增強建築結構，但是否就不具裝飾性呢？另外亦未確認壁鎖是否傳自荷蘭？仍有待研究。

〔註94〕高凱俊，《臺灣城殘蹟》，臺南：台南市政府文化局，2014年，頁173。
〔註95〕李乾朗、閻亞寧、徐裕健，《圖解台灣民居》，頁104。
〔註96〕林會承，《傳統建築手冊——形式與作法篇》，頁57。

三、「壁鎖」於傳統建築之加強結構穩固功能之探討

上述係為論述「壁鎖」與建築物結構關係之文獻，經由學者及研究者之敘述，本研究在「壁鎖」之於傳統建築的結構性穩固功能有學理上的支持。另外還有必須探討的重點：「壁鎖」在傳統建築上如何加強梁柱與牆體之結構穩固功能？對於此點，張崑振等提出論述：

> 壁鎖主要是由兩個各具功用的鐵件構成，一是用來穿過牆垣以連接（插入）楹仔的「嵌鉤」，另一則是置於外牆壁面用於固定（鎖固）的「繫件」。藉由壁鎖輔助性的作用，楹仔與壁體之間便被加以鎖固，若無，則楹仔與承重牆的關係僅止於是類似榫接接頭的關係而已，當受力方向與楹仔方向一致時，則易產生鬆脫的現象。〔註97〕

如圖 2-40 所示。

圖 2-40　壁鎖、山牆、楹仔之關係示意圖

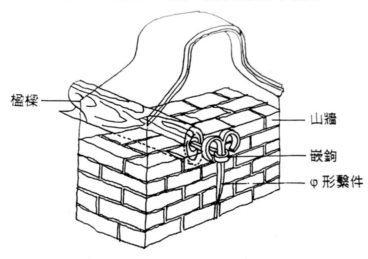

（資料來源：張崑振等著，1997 年）

觀察圖 2-40，可以看出「壁鎖」和楹梁、山牆之結合狀況，基本上壁鎖的構造是由「繫件」（也就是設置在外牆上的剪刀形等等的鐵件）、「嵌鉤」（插入楹梁的尖端鐵件）組成，詳如圖 2-41、圖 2-42。

再者關於壁鎖嵌鉤如何與楹仔結合？張崑振也提出說明：

> 嵌鉤，由於拆下的實務並不多見，綜合已有的史料，大致有二種類型，⋯⋯而嵌鉤與楹仔的關係，第一類是利用其尖端部分直接「釘

〔註97〕張崑振等著，〈台南地區傳統建築壁鎖之研究〉，頁 79。

入」楹仔的端部，第二類則是將嵌鉤「釘入」和「扣鎖」楹仔的側緣。換句話說，從外牆壁鎖的位置，即可看出屋內楹仔的大致位置所在。〔註98〕

如圖 2-43。

圖 2-41　鹽水八角樓壁鎖　　　　圖 2-42　台南熱蘭遮城博物館壁鎖

 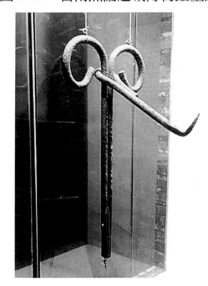

（資料來源：筆者拍攝，2019 年）

圖 2-43　壁鎖嵌鉤與楹仔之關係圖

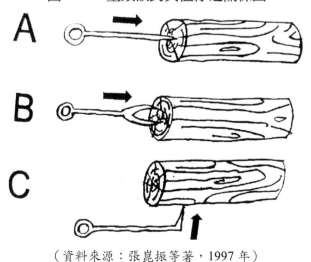

（資料來源：張崑振等著，1997 年）

〔註98〕張崑振等著，〈台南地區傳統建築壁鎖之研究〉，頁 79。

關於「壁鎖」增加建築物牆體之穩固功能，蘇妍文在其 2003 年碩論〈台灣傳統寺廟建築震害現象及改善研究〉中指出：

> 木構架之修復補強原則：楹與山牆接合部，為防止楹與山牆接合部位在地震時互相滑開、脫落，可採取兩種方式……第二種方式則是利用鐵件來抵抗相互滑動之力量。為抵抗楹與山牆相互滑動所裝置之鐵件，可採用類似傳統「壁鎖」之方式，將鐵件之前端拴柱楹，末端另加鐵件扣住山牆……。〔註99〕

如圖 2-44。

圖 2-44　楹與山牆接合部示意

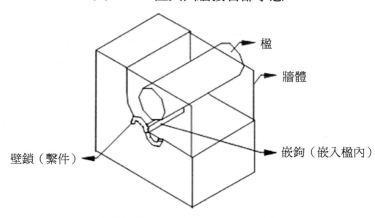

（資料來源：蘇妍文，2003 年）

從圖 2-44 中，我們可以清楚的看出壁鎖在楹與山牆之接合時之架構，利用鐵件之前端（嵌鉤）拴柱楹，末端另加鐵件（繫件）扣住山牆，從而達到加強楹與山牆接合的目的。

以上之論述都在於壁鎖結合楹仔與牆體之部分，但是支撐建築物之牆體構造，並非只有楹仔或桁梁，有些傳統建築，其柱體與牆體也建構在一起，產生支撐關係，此作法在中國大陸尤其多見，對於此種建築結構，如何加強建築物之結構穩固性？首先必須瞭解「壁鎖」與傳統建築之關係，不論是中國傳統建築或是台灣傳統建築均以木結構為主，關於木構建築的結構特點，湖南大學建築學院教授柳肅教授於其所著《古建築設計》一書，對於「木構建築的結構特點」與「如何加強木構建築的結構穩固」之論述如下：

〔註99〕蘇妍文，《台灣傳統寺廟建築震害現象及改善研究》，台南：國立成功大學建築學研究所碩論，2003 年，頁 91～92。

中國古代建築以木結構為主，所謂木結構主要指最重要的支撐體——
——屋架是木構，而對牆體等相對忽略。不論是全木結構還是磚木結
構、土木結構、石木結構，除了井干式、承重牆結構、磚石拱券結
構、筒體結構這幾種結構形式之外，其他幾種最主要的結構形式都
是以木構架為主體，而其他材料——土、磚、石等都只是維護結構。
從建築形式和風格來看，以木構為主體的建築，比較靈活，利於建
築的造型。

以構造的方面來看，當以木結構作為主體，以其他材料作為維護結
構時，主體木構架和牆體的關係有如下幾種類型：

1. 構架柱夾在牆壁中。一種是牆壁很厚，柱子完全埋在牆壁之中，
內外都看不見柱子。另一種是牆壁和柱子同樣厚，柱子在內外牆上
都露出來。

2. 構架柱一半埋在牆壁中，一半露在外。在這種情況下，露在外面
的半邊柱子朝向室內，外面是牆，內牆露出木柱，這樣有利於木構
的保護。

3. 構架柱與牆壁完全分離。牆壁靠在柱子外邊，在這種牆壁離開柱
子完全獨立的情況下，牆壁的穩定性不好，需要用特殊的鐵構件把
牆壁和柱子連結起來。這種鐵構件是用一根鐵桿穿過牆體與柱子，
兩頭固定，將牆壁和柱子拉結在一起，因為牆體那邊的固定需要盡
可能擴大受力面積，於是常做成長條形、梭子形，甚至其他帶有裝
飾性的形狀，緊貼在外牆上，民間稱之為「鐵壁虎」。〔註100〕

柳肅教授論述：「構架柱與牆壁完全分離。牆壁靠在柱子外邊，……需要
用特殊的鐵構件把牆壁和柱子連結起來。……因為牆體的固定需要盡可能擴
大受力面積，於是常做成長條形、梭子形，甚至其他帶有裝飾性的形狀，緊貼
在外牆上，民間稱之為『鐵壁虎』」。

以上係柳肅教授對於加強主體木構架房屋和牆體之結構穩固，所提出之
方法論述，有關「鐵壁虎」與「壁鎖」其在建築結構之功能，幾乎完全相同，
所不同者主要在造型之差異，如圖 2-45 為江蘇梭子形鐵壁虎、圖 2-46 山西卍
字型鐵壁虎，兩者在臺灣均未發現。

〔註100〕柳肅主編，〈結構形式的選擇〉，《古建築設計》（第二版），湖北省武漢市：華
中科技大學出版社，2018 年，頁 123。

圖 2-45　江蘇梭子形鐵壁虎　　　圖 2-46　江西長條型鐵壁虎

（資料來源：筆者拍攝，2019 年）

以上為有關直接論述「壁鎖」與傳統建築之文獻，綜合上述，對於傳統建築中梁架與牆體之結合方式，得出幾個結論：

一、抬梁式與穿鬥式梁架主要是依靠桁檁與梁、柱形成木架結構，牆通常只負責形成隔間作用，組構完成的梁架置放在屋頂下、台基之上，未加上牆仍能屹立不倒，另種工法是將梁、桁檁、柱等與牆體結合，或部分包覆在牆體中。

二、擱檁式木架結構，直接將桁檁裝置在山牆上，省掉一些楹柱的成本，但是對於房屋結構穩定，可能較不如抬梁式與穿鬥式梁架之堅固。

三、傳統建築，梁架與牆之結合方式若採用擱檁式木架結構，為了建築物之結構穩固著想，勢必另外需要一些加強措施，壁鎖在加強建築物結構穩固之考量，自必有其功能性。

第三節　「壁鎖」與傳統建築裝飾

壹、「建築裝飾」的意涵與分類

一、「建築裝飾」的意涵

本節中所探討的是傳統建築裝飾與「壁鎖」的關係，建築裝飾對於傳統建

築具有甚麼意義？「建築裝飾」的定義是什麼？學者有以下解釋：

1. 林會承教授在《傳統建築手冊——型式與作法篇》一書對於「裝飾」的定義為：「傳統建築中的民俗工藝品」。〔註101〕

　林會承教授認為傳統建築的「裝飾」，其定義主要是「傳統建築中的民俗工藝品」，其功用主要有兩種：（一）增加美感。（二）具備吉祥、風雅等象徵。

2. 中國建築學者樓慶西教授在《裝飾之道》一書中論述：

　……首先需要對裝飾做一個定義，在《辭海》中的「裝飾」條文說：「裝飾：打扮。……」在《簡明不列顛百科全書》的「裝飾藝術」條文說：「指各種能夠使人賞心悅目而不一定表達理想或觀點，不要求產生審美聯想的視覺藝術，一般還有實用功能。陶瓷製品、玻璃器皿、寶石、家具、紡織品、服裝設計和室內設計，一般被認為是裝飾藝術的主要形式。」這是指廣義的裝飾而言，我們所研究和論述的是建築裝飾，而且還只是中國古代建築的裝飾。〔註102〕

3. 李乾朗教授論述：

　台灣古建築的裝飾動機，源自於象徵、祈願、辟邪、表彰與審美等價值判斷。漢人移民的裝飾可上承自中國數千年古老的傳統，而原住民也有自己的圖騰或祈福象徵的圖案，如百步蛇或祖先像。漢人建築依使用者的社會地位或神格高低，裝飾題材也有別，除了自然的鳥獸蟲魚及人物，也有想像中創造出來的靈獸與神怪。〔註103〕

綜合上述學者之論述，我們可以歸納傳統建築裝飾的意義為：

（一）傳統建築中的民俗工藝品。

（二）具有美觀與吉祥、風雅象徵。

（三）台灣古建築的裝飾動機，包含祈福、辟邪、表彰與地位階級區分。

二、建築裝飾的重要性

　梁思成先生說：「建築之始，產生於實際需要……」〔註104〕，在人類居住與建築的演進過程，從穴居、樹屋、茅屋、到構建木屋、石屋、磚屋，乃至於加入鋼筋水泥的現代建築，莫不由於人類因日常生活的需要而逐步演進，是故

〔註101〕林會承，《傳統建築手冊——形式與作法篇》，頁147。
〔註102〕樓慶西，《裝飾之道》，台北：龍圖騰文化，2013年，頁1。
〔註103〕李乾朗，《台灣古建築圖解事典》，頁115。
〔註104〕梁思成，《中國建築史》，頁1。

建築實乃順應人類歷史中不斷進化的文化產物。那麼對於建築，涵蓋了那些要素呢？漢寶德教授曾論述：

> 認識建築，應該從古羅馬時代建築學者維楚維阿斯的看法入手。他認為評量建築的三原則是堅固、適用與悅目。這三個原則歷經兩千年，被西方建築學者視為金科玉律。……堅固有穩當的意思……適用，也可以說實用。第三個要素是愉悅。今天我們解釋這個詞的意思是悅目，也就是好看的意思，所以又可改稱美觀。原文是 delight，有喜悅的意思，其內涵遠超過悅目的涵義。喜悅是情緒上的正面反應，除了好看之外還有令人愉快，討人喜歡的意思。〔註105〕

依據以上學者研究，人類從最低的居住安全需求，以至於到進化至現代建築的過程包含三個原則：堅固、實用與美觀。因此，建築物除了基本的居住的堅固與實用功能之外，很重要的另一個功能是美觀，欲達成美觀功能，重要因素之一是建築物本身之造型，中國建築學者樓慶西教授在《裝飾之道》一書中敘述：

> 綜觀中國古代建築，它們在世界建築發展史中因為具有鮮明的特徵而自成體系。這種特徵主要表現在中國古代建築採用的是木結構，因而形成了與木結構相適應的平面與外觀形式；中國古建築多由單幢房屋組成為院落式的建築群體，從普通的住宅到寺廟、宮殿莫不如此……〔註106〕。

樓慶西教授認為中國傳統建築能在世界建築發展史中佔有獨特的地位，在於採用木結構，又從木結構的基礎發展出獨特的各種造型。

除了建築物之造型與外觀之外，影響建築物美觀的另一個重要的因素則是建築裝飾。對於傳統建築與建築裝飾之關係，學者提出如下的論述：

一、樓慶西教授在〈裝飾之道〉一書中論述：

> ……中國古建築具有豐富多彩的藝術形象，從建築群體的空間型態、建築個體的外觀到建築各部分的造型處理等方面，都創造和累積了豐富的經驗。而建築裝飾在這些特徵的形成中都具有重要的作用。中國古代的工匠在長期的實踐中利用木結構的特點創造出廡殿、歇山、懸山、硬山和單簷、重簷等不同形式的屋頂；還在屋頂上塑造

〔註105〕漢寶德，《認識建築》，台北：藝術家出版社，2007年，頁42～55。
〔註106〕樓慶西，《裝飾之道》，頁1。

出鴟吻、走獸、寶頂等眾多的藝術形象。工匠又在普通規則的門窗
上製造出千姿百態的花紋式樣，還對簡單的樑枋、石臺基、欄杆進
行了巧妙的藝術加工，他們正是應用這些裝飾美化了各類建築，使
中國古代建築增添了極大的藝術表現力。〔註107〕

　　樓慶西教授在此段論述中指出，中國古建築藉由建築裝飾的製作，達成
美化與增加建築物藝術表現的功能，並說明建築裝飾在中國古建築表現的部
位與形象、式樣。

　　二、日本建築史學者伊東忠太在〈中國古建築裝飾〉中論述：

一切建築，都須由材料組成的構架和內外裝飾設施兩者結合才得以
成立。但是，在某些場合，組成構架的材料也同時具有裝飾效果，
而內外裝飾又兼具構架的功能，二者的使命是不可分離的。因此，
自古以來便用「裝飾性結構」和「結構性裝飾」這樣的說法對二者
加以區分。在此之外，還另有純裝飾的東西存在。純裝飾一般都布
置在建築表面，與建築結構沒有甚麼直接的關係。
現在，如果我們將建築比做人的身體，材料結構便是其骨骼肌肉。
結構性裝飾是其眉目鬚髮，既可當作結構，也可看做是一種裝飾。
表面裝飾就是身上穿的衣服。把身上的衣服看作建築表面的塗裝，
這大體上是不錯的。由上述可知，結構和裝飾相輔相成，二者的適
當結合才會組成完美的建築。拘泥於結構，便無法顧及裝飾；去掉
裝飾，則建築的美也蕩然無存。〔註108〕

伊東忠太又論述「中國建築裝飾與建築之關係」：

任何時代國家和任何國家的建築，都能發現多多少少都有一定的裝
飾，由此亦可明白，建築與裝飾關係已達到密不可分的程度。不過，
像中國建築裝飾表現出的建築與裝飾相互關係之密切程度更是世所
罕見。〔註109〕

　　三、樓慶西教授在2003年版《中國古建築二十講》一書中論述：

……建築裝飾使房屋軀體有了藝術的外觀形象，建築裝飾使建築藝

〔註107〕同上註，頁1。
〔註108〕伊東忠太原著，劉雲俊、張曄譯，《中國古建築裝飾》上冊，北京：中國建築
　　　　　工業出版社，2006年，頁2。
〔註109〕同上註。

術具有了思想內涵的表現力，在中國古代建築藝術中，建築裝飾成
為很重要的一個部分。〔註110〕

經由上述學者的論述分析，我們對於建築裝飾的重要性、傳統建築與建築
裝飾的關係，可以有清晰的了解，並且可據以論述，建築裝飾與中國傳統建築
是不可切割的兩種元素，二者必須適當的組合，不拘泥於建築，也不可廢除裝
飾，方可成為完美的建築。

三、「建築裝飾」的分類

對於中國傳統建築裝飾的種類與內容寓意，依學者專家之研究大約有以
下文獻提出探討：

（一）材料：金屬、石材、磚、陶瓷、木材、泥土、玻璃、琉璃、油漆、
墨水。〔註111〕

（二）工法：石雕、木雕、交趾陶、剪粘、泥塑、磚雕、彩繪、組砌、塑
造、鑲嵌、鑄造、鍛造、書法、水墨畫、素面。〔註112〕

（三）位置：依照裝飾物件在建築物的位置，大約可分為：屋頂、台基，
以及位於屋頂與台基之中的屋身（包含牆體、梁枋、柱子、斗拱、隔間等）

1. 屋頂：

（1）屋脊：正脊、垂脊、餓脊、燕尾、西施脊、三川脊、出檐。

（2）造型：中國傳統古建築屋頂有以下幾種形式：廡殿、歇山、懸山、
硬山、攢尖、盝頂與卷棚等。其中廡殿頂、歇山頂、攢尖頂又分為單檐和重檐
兩種。

（3）瓦：瓦當、滴水、瓦釘、筒瓦、板瓦、仰瓦、合瓦。

（4）天花、藻井。

2. 台基：欄杆、欄板、望柱、望柱頭、御路、門枕石、抱鼓石、礓石、石

〔註110〕樓慶西，《中國古建築二十講》，台北：聯經，2003年，頁289。

〔註111〕楊裕富、許峰旗、董皇志，《傳統建築圖像裝飾工藝設計——六合法則》，《設
計學報》第17卷第4期，雲林：國立雲林科技大學設計學院，2012年12月，
頁45～47；劉淑音，《台灣傳統建築吉祥裝飾——集瑞構圖的表現與運用》，
台北：臺北大學民俗藝術研究所碩論，2003年，頁7。

〔註112〕楊裕富、許峰旗、董皇志，《傳統建築圖像裝飾工藝設計——六合法則》，頁50
～52；張宇彤，《金門與澎湖傳統民宅形塑之比較研究——以營建中的禁忌、
儀式與裝飾論述之》，台南：國立成功大學建築學研究所博士論文，2001年，
頁14～17。

砛、柱頂石、垂帶石、月台、螭首散水、基座、須彌座、石獅。

　3. 梁枋：大通、通梁、壽梁、桁、橼、楣、束木、員光、步通、雀替。

　4. 柱子：簷柱、山柱、點金柱、副點金柱、封柱、附壁柱、中柱、瓜柱、角柱、廊柱、豎材、垂花等。

　5. 牆身：山牆、簷牆、檻牆、廊牆、墀頭、水車堵、頂堵、腰堵、身堵、裙堵、對看堵、櫃台腳、圍牆、照壁、八字牆、鏡面牆、鳥踏、鵝頭墜、懸魚。

　6. 斗拱：斗、拱、升、獅座、象座、出挑。

　7. 隔間：門、刀掛籤、窗、飛罩、隔扇門、板壁、多寶格、書櫥。〔註113〕

　（四）題材與類型：動物、植物、人物、器物、博古、草蟲、故事、山水、符號、文字、圖案、諧音、隱喻。〔註114〕

　（五）意涵：國泰民安、五穀豐收、風調雨順、五福臨門、四季平安、加官進祿、功名及第、祈求吉慶、四維八德、忠孝節義、萬事如意、萬字不斷、事事如意、招財進寶、福祿壽喜、詩禮傳家、趨吉避凶、迎春納福、財子壽、納壽、富貴吉祥、平安、長壽、喜慶、清廉、神聖、品德、堅忍不屈、節節高升、多子多孫、子孫滿堂、綿延後代、安居樂業、喜上眉梢、國色天香、一路連科、福園善慶、鶴路同春、三陽開泰、慶領封印。〔註115〕

貳、「壁鎖」與傳統建築裝飾

　　人類建築的進化過程，從最原始的穴居、樹屋，只求遮風避雨、抵擋野獸攻擊，到逐步構建更堅固、實用的木造建築、磚石建築，實正呼應人本心理學

〔註113〕此註解主要為「裝飾物件在建築物的位置」之參考文獻，包括：楊裕富、許峰旗、董皇志，《傳統建築圖像裝飾工藝設計——六合法則》，頁48～49；林會承，《傳統建築手冊——形式與作法篇》，頁49～61、73～81、101、147～166；李乾朗，《台灣古建築圖解事典》，頁24～28。

〔註114〕蘇怡玫，《建築磚雕藝術研究——以淡水河流域之古建築為例》，新北市：國立臺北大學民俗藝術研究所碩論，2008年，頁144～154；康鍩錫，《台灣古建築裝飾圖鑑》，臺北：貓頭鷹出版，2012年。

〔註115〕蘇筱嵐，《彰化南瑤宮石雕裝飾藝術研究》，新北市：國立臺北大學民俗藝術研究所碩論，2011年，頁120～137；蔡沛玹，《台北保安宮的建築藝術及其保存之道》，新北市：輔仁大學宗教學系碩士在職專班，2014年，頁70～77；王譽琪，《福現台灣——以建築裝飾圖像為例》，《文化資源經典講座暨研究生學術研討會論文》，臺北市：國立臺北藝術大學文化資源學院，2008年，頁4～9；劉淑音，〈談隱喻圖樣的民間雕造——從台南大天后宮門枕石雕「慶領封印」說起〉，《臺灣工藝》第11期，2002年4月，頁86～93。

之父──馬斯洛的「基本需求理論」。〔註116〕在馬斯洛的理論中，人類的七項「基本需求」，從最低階的生理需求逐步進階到最高階的審美需求，這個理論正可印證人類居住建築裝飾文化的演進緣起，關於此點，樓慶西教授於《中國古建築二十講》論述：

> 建築首先作為一種物質財富，也和其他物質一樣，在人類創造的過程中，不但產生了物質的軀體，同時也產生了美的形象。在房屋的整體和房屋各種構件的製造中，人們都對它進行了程度不同的美的加工，裝飾就是這樣開始在建築上出現的。〔註117〕

樓慶西教授上述探討，指出人類對於進行建築裝飾的動機是為了「產生了美的形象」，那麼傳統建築進行建築裝飾是否有其他的動機？楊裕富等學者在2012年〈傳統建築圖像裝飾工藝設計──六合法則〉文中，提出他們的看法如下：

> 傳統建築為何需進行裝飾工藝處理？兩者「為何而合」？主要原因如下：
>
> 1. 為「增美」而合：西文「DECO」可翻譯「裝飾」也可譯成「增美」，意即在中文裡「裝飾」與「增美」是同義詞。所以裝飾工藝的增美就表示原有一物件，透過「工藝」而增加了美。所以「為增美而合」就是「為原物件的增美而合」或「就著原物件來進行增美」。……
>
> 2. 為「結構」而合：原本因結構須要而出現的建築構件，也轉變成為裝飾工藝。例如「斗栱」是結構構件，可挑起出簷及屋頂的重量，並可減化地震破壞，但因結構造型特殊，本身也成為重要的裝飾工藝，甚至形成斗、栱連體的木雕，……。而「脊飾」，……原先也具有壓瓦與固定屋頂的構造作用，但後來也轉化增加「階級區別」與「鎮煞、祈福」等的裝飾作用。所以這些結構與裝飾結合的構件，雖後期不一定有結構性作用，但起源卻是為了結構而合，或是透過裝飾來表現某種「結構」類型之意象，以此類型結構來達到「彰顯」

〔註116〕莊耀嘉編譯，《馬斯洛》，臺北：桂冠圖書出版，1990年，頁55～74。馬斯洛認為人類的「基本需求」有七項，依序是生理需求、安全的需求、愛與歸屬的需求、自尊的需求、自我實現的需求、知識與理解需求以及審美需求。從最低階的生理需求逐步進階到最高階的審美需求。
〔註117〕樓慶西，《中國古建築二十講》，頁290。

或「炫耀」的目的。

3. 為「祈願」而合：一般民居籍建築裝飾來表達屋主的願望，諸如
以雕繪蝙蝠、梅花鹿與烏龜或壽桃來祈求福、祿、壽等願望。另古
建築由於是木構架體系，容易受雷擊而遭火災，……所以屋頂上位
於最高處的節點作成了鴟吻，……以祈求消除雷擊及火災。

4. 為「階級」而合：以宮殿及私人豪邸而言，裝飾工藝已經不是單
純的「為增美而合」，更無須「為結構而合」，因為建築技術已純熟
到無須裝飾工藝來補強結構，而工藝技巧已經繁複雕琢到喪失應有
的美感，「合」的重點已轉變為顯示尊卑等級，或成為屋主誇耀權勢
與財富，與平民百姓階級不同……。〔註118〕

　　歸納樓慶西教授與楊裕富等學者的論述，他們認為建築物要進行建築裝
飾主要的動機有「增美」、「結構」、「祈願」、「階級」、「彰顯」或「炫耀」等。
對於以上建築裝飾的動機，對於本研究之主題「壁鎖」有其「適合性」，首先
「壁鎖」在「結構」一點，起源是為了結構而設置，但卻可以透過裝飾來表現
某種「結構」類型之意象，例如「S 形壁鎖」、「X 形壁鎖」、「8 字形壁鎖」、「∞
型壁鎖」、「Ⴤ形壁鎖」、「尖錐形壁鎖」等。這些造型的壁鎖，不獨為「結構」
而設計，且因其特殊的造型，也成為建築裝飾的一環。

　　再者，就「祈願」一項，本研究發現的壁鎖造型有「卍字形壁鎖」（圖 2-
47）、「卐字形壁鎖」、（圖 2-48）、「金剛杵形壁鎖」（圖 2-49）、「壽字形壁鎖」
（圖 2-50）、「泥塑蓮花形壁鎖」（圖 2-51）、「書卷形壁鎖」（圖 2-52）等等。
關於這類造型的壁鎖，劉淑音教授於 2002 年論文〈談隱喻圖樣的民間雕造——
從台南大天后宮門枕石雕「慶領封印」說起〉，論述「吉祥語在工藝圖稿上的
運用」有如下見解：

利用草木、動物等造型為裝飾圖案、象徵吉祥，或代表某種聖靈的
意義，在東西方皆有。這種表達著思想內涵的裝飾圖稿，不僅為民
間工藝製作上廣為運用，也成了傳統建築裝飾中的主要內容。建築
裝飾除了注意形式的美觀外，更注重這些裝飾形式所表達的思想內
涵。這些內涵不僅透過動物、植物、人物的形象，有時也假借自然
文（如日月、山川、風雲、水）、幾何文（如六角、八角、圓形）、文

〔註118〕楊裕富、許峰旗、董皇志，〈傳統建築圖像裝飾工藝設計——六合法則〉，頁 47
　　　　～48。

字文（如卍、亞、壽、喜）、器物（如元寶、犀牛角、錢、書、畫）
等所組成的畫面來表達，而且往往還借助數字和色彩來進一步說
明。〔註119〕

這些壁鎖，其本身之文字與形狀，已經是長壽、吉祥的象徵，亦符合中國
人凡事追求吉慶、福祿壽喜財的民族性。因此在祈求平安吉祥的前提之下，以
吉祥喜慶圖樣打造壁鎖，其目的是顯而易見的。〔註120〕

圖2-47　卍字形壁鎖　　　　　　　圖2-48　卐字形壁鎖

（資料來源：筆者拍攝，2018年）

圖2-49　金剛杵形壁鎖　　　　　　圖2-50　壽字形壁鎖

（資料來源：傳煜法師拍攝，2018年）

〔註119〕劉淑音，〈談隱喻圖樣的民間雕造——從台南大天后宮門枕石雕「慶領封印」
　　　　說起〉，頁86～87。
〔註120〕楊裕富、許峰旗、董皇志，〈傳統建築圖像裝飾工藝設計——六合法則〉，頁56
　　　　～57。

圖 2-51　泥塑蓮花形壁鎖　　　　圖 2-52　書卷形壁鎖

（資料來源：筆者拍攝，2019 年）

　　另外，對於上述「卍字形」等壁鎖之藝術性，李堅萍教授在 2008 年〈廟宇工藝形式的繁複與極簡美學——麟洛鄉玄天上帝仁聖宮與新埤鄉天上聖母天后宮工藝形式之比較〉論文中認為：

> ……除此之外，麟洛鄉玄天上帝仁聖宮廟宇工藝的表現形式中，還有如雲紋、鎖紋、套環紋、錢紋、斜格紋、卍字紋、壽字紋、佛字紋、蓮花紋等，屬於已經幾何圖案化且庶民皆懂意義的吉祥圖案，可稱為「半具象化」吉祥寓意表徵符號。這種介於具象化與符象化的表現形式，在藝術上的意義，就如同文字演進歷程中，由原始象形文字逐漸轉換出現會意、轉注與假借等形式一般，藝術創作者逐漸揚棄依樣描摹的複製階段，逐漸添加個人因情境之主觀感受而得的情緒與情感，使藝術創作品開始具有生命力的中介歷程，在藝術創作與研究上極具價值。〔註121〕

　　對於上述關於卍字紋、壽字紋、佛字紋、蓮花紋等吉祥圖案，已經具有相當的藝術創作價值，在傳統建築中也常被匠師使用各種材料與工法，裝置在建築物的各處。例如台中市大肚區磺溪書院的「卍字不斷」磚雕（圖 2-53）、台中摘星山莊「壽字舖首」鐵件（圖 2-54）、開元寺卍字窗（圖 2-55）、台北艋舺龍山寺「書卷形垂帶」（圖 2-56）。

〔註121〕李堅萍，〈廟宇工藝形式的繁複與極簡美學——麟洛鄉玄天上帝仁聖宮與新埤鄉天上聖母天后宮工藝形式之比較〉，《2008 宗教藝術研討會論文集彙編》，屏東：國立屏東教育大學，2008 年，頁 465～486。

圖 2-53
礦溪書院「卍字不斷」磚雕

圖 2-54
摘星山莊「壽字舖首」鐵件

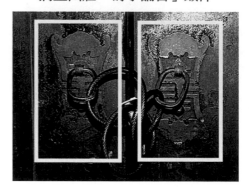

（資料來源：筆者拍攝，2016 年）

圖 2-55
台南開元寺「卍字型」窗花

圖 2-56
台北艋舺龍山寺「書卷形垂帶」

（資料來源：筆者拍攝，2014 年）　　　　（資料來源：筆者拍攝，2017 年）

綜合以上論述得知，本研究發現：

一、台灣壁鎖的設置位置大多在山牆的鵝頭墜、烟板、鳥踏等處。

二、台灣壁鎖之其材料均為鐵件鍛造。

三、台灣壁鎖造型有「S 形壁鎖」、「X 形壁鎖」、「8 字形壁鎖」、「∞型壁鎖」、「Ⴧ形壁鎖」、「尖錐形壁鎖」等。這些造型的壁鎖，且因其特殊的造型，也成為建築裝飾的一環。

四、台灣壁鎖尚有其他造型：「泥塑蓮花形壁鎖」、「書卷形壁鎖」等等，應含有「祈願」意涵的造型。

五、「壁鎖」原來的功能除了「結構」需求外，還有「建築裝飾」以及「祈願」與「階級」之功能。

第四節　「壁鎖」與辟邪

壹、「辟邪」與「厭勝」

一、「辟邪」的意涵

中華民族自古以農立國，古代先民對於未知的世界心存畏懼，因此形成崇拜天地、敬畏鬼神的中華文化。人民對於天地風雨、山川河海、日月星辰、自然萬物等，莫不心存敬畏，依照節氣、祭典，實施祭拜儀式。皇室之祭拜更為隆重，建築天、地、日、月、社稷諸壇與太廟等，帝王親自祭告天地、實施祭拜。〔註122〕無論官民，祭拜之目的厥為祈求風調雨順、國泰民安、五穀豐收、四時無災。

先民源於對天地萬物的敬畏信仰，進而產生各種祭禮、儀式。在祭禮、儀式中呈上祭品。這些祭品無非是人們對於未知的神佛鬼靈的敬意與示好，〔註123〕但在另一個面向，對於不好的、負面的、厭惡的、想要排斥的未知物如妖魔邪怪，則以祛除、驅離、壓制、恐嚇、甚至消滅為目的，所期望者乃在於這些不祥之物遠離，亦即辟邪之意涵。〔註124〕

對於「辟邪」的意涵，有不同的學者提出個別之看法：

1. 中國人類文化學家蕭兵教授在2004年版《避邪》書中論述避邪：

> 避邪，或「辟邪」，就是辟除、威懾、驅逐一切被認為可能危害人類的惡物、邪穢，……人類，作為一種生物，最基礎的本能是保存和發展自己，「避免」或消滅敵害；所謂全身保種，趨利避害，從來都是物競天擇、適者生存的重要內容。所以「避邪」也就有相互補充的雙重功能：消極的，是消除惡害；積極的，是增進福利。〔註125〕

上段論述，蕭兵教授認為「避邪」有積極與消極兩個面向，但其重點都在於人類求生的慾望以及趨吉避凶的生存需求。

2. 何培夫教授在1997年〈台灣的民俗辟邪物〉一文中對於「辟邪」的論述：

〔註122〕張紹載主編，〈中國的建築藝術〉（第二版），台北市：東大圖書公司，1979年，頁25；董芳苑，《探討台灣民間信仰》，台北：常民文化出版，1996年，頁158～162。

〔註123〕董芳苑，《探討台灣民間信仰》，頁168～169。

〔註124〕蕭兵著，《避邪》，香港：萬里書店，2004年，頁1。

〔註125〕蕭兵著，《避邪》，頁2。

「辟邪」一詞，乃指辟除邪惡，具有積極與主動的態度。因為驅逐邪惡與祈安求福乃一體二面，亦即「邪去而福至」，比較符合民俗信仰的正面意圖。「避邪」一詞具有消極與被動的態度，「逃避」顯得遜色；至於「厭勝」一詞乃指以咒詛厭伏他人，具有侵略與禍害的性質，而與辟邪的本質未盡相同。所以本文採用辟邪，而不用避邪與厭勝。〔註126〕

何培夫教授認為避邪是一種消極、被動與逃避，「厭勝」則是用咒詛厭伏他人，與辟邪本質不盡相同，所以認為「辟邪」一詞比「避邪」和「厭勝」較正面。

3. 呂理政教授對於「避邪」的看法：

漢文化的傳統宇宙觀將天、人、社會視為一個和諧的整體，而將不和諧的事物視為社會的禁忌（呂理政，1990年）。對於禁忌的事物或者採取消極的迴避，或者採取積極的剋制，或者也採取從禁忌轉化為神聖的方式（呂理政，1989年），「厭勝」基本上即是對禁忌事物的剋制方式。「厭勝」一辭，依字義為「壓伏而制勝」，亦即通俗所謂的「避邪制煞」之意。〔註127〕

三位學者對於「避邪」的看法不盡相同，但是均認為「避邪」「厭勝」「辟邪」三者均有趨吉避邪之意義。本研究較傾向於使用「辟邪」一詞來闡述「壁鎖」「趨吉避邪」之功能。因為「壁鎖」的造型不論是「鐵剪刀」或「卍字形」「壽字形」，其意涵以驅邪和祈福為主。而「驅逐邪惡與祈安求福乃一體二面」，故使用之。

二、「辟邪物」與「厭勝物」

在中華傳統文化中，有些宗教信仰認為人們藉由某些事或物將能產生神力、法力，從而有「辟邪」之效果，如傳統漢民族民間信仰、〔註128〕道教信仰。〔註129〕對於「辟邪」若想產生其趨吉避邪效能，則必須借助「辟邪物」與「厭勝物」，學者對於「避邪物」或「厭勝物」之研究，有如下文獻：

〔註126〕何培夫，〈台灣的民俗辟邪物〉，《臺灣古蹟與文物》，頁55。
〔註127〕呂理政，〈傳統信仰與現代社會〉，頁45。
〔註128〕謝宗榮，《台灣的信仰文化與裝飾藝術》，台北縣：博揚文化，2003年，頁10～20；董芳苑，《探討台灣民間信仰》，頁148～158。
〔註129〕黃文博，《台灣民間信仰與儀式》，台北：常民文化出版，1997年，頁93～94、187～189。

1. 午榮編彙之〈魯班經——建築和木工營造經典指南〉，列出在建築物中所使用到的「辟邪物」、「厭勝物」有：

> 瓦將軍、螭吻、泰山石敢當、獸牌、天官賜福符版、一善賜符、姜太公在此符、倒鏡（八卦鏡、靈獸鏡、照明鏡）、吉竿、黃飛虎、山海鎮、九天元雷符、避凶籬笆。〔註130〕

2. 伊能嘉矩原著《台灣文化志》，2015 年版，記載：

> ……此外如臺灣各地方所流行之佛普庵及五公勅符，前者相傳「普庵到此，百無禁忌」，故俗信如貼於門前則百邪不得侵入。後者相傳：「此符斷諸惡氣，帶之者百事大吉，……。」……他如各家門頭所懸掛之八卦牌（畫太極八卦者）、獅頭牌（畫獅頭含劍狀）及虎頭牌（畫虎頭含劍狀）之類，亦皆為道教流派之餘波，為在台灣普遍流行之驅邪符標本。澎湖之風俗，島民自古以來以烈風之飛土沙為一種煞氣，甚恐怖之，而為調伏之目的，在島內澳鄉之各路頭建石敢當碑為常例。……〔註131〕

3. 林川夫編著，1998 年版《民俗台灣》記載「驅邪與招福」之驅邪物包括：太極與八卦、獅頭、虎頭、刀槍、太陽、黑旗與柳、針、蒜、菖蒲與艾草、投石、石將軍、石敢當、「姜太公在此」、「麒麟到此」與「鳳凰到此」、船眼、門聯、爆竹、金紙與銀紙、瓦將軍倒鏡、吉竿、黃飛虎、山海鎮、樓閣的驅邪、閘屏、驅邪碑、除魔塔、「普庵到此」米斗與古劍。

招福物有：「福」字、「壽」字、「福祿全壽」、麥與炭、甘蔗、「福星拱照」、「對我發財」、「天官賜福」、「一善」。〔註132〕

上列幾種文獻將中國、台灣與澎湖民俗所常用的辟邪物與招福物，做了大概的介紹。此外，尚有學者提出其看法：

4. 謝宗榮 2000 年的碩論《台灣辟邪劍獅研究》，文中探討：

> 一般而言，辟邪文化主要可區分為辟邪儀式與辟邪物者，……辟邪儀式是指透過特定的「法術」過程，運用以手勢為主的肢體動作、

〔註130〕午榮編彙，易金木譯註，〈魯班經——建築和木工營造經典指南〉，台北：日月文化出版，2008 年，頁 380～390。

〔註131〕伊能嘉矩原著，國史館臺灣文獻館編譯，《臺灣文化志》（中卷），台北：台灣書房出版有限公司，2015 年，頁 275。

〔註132〕林川夫編著，《民俗臺灣》（第七輯），台北：武陵出版有限公司，1998 年，頁34～47。

音樂、唱腔、咒語、器物、水火……等等所發揮的「力量」，來達到
「驅邪制煞」的作用，或是加諸「物品」之上，使之能發揮「辟邪」
的功能；而後者即一般通稱的「辟邪物」。〔註133〕

謝宗榮先生在此段文獻指出，辟邪文化主要可區分為辟邪儀式與辟邪物
者，一種是透過動作、聲音、器物等，完成「驅邪制煞」的作用加持，或者加
諸於某項物件，使其具有辟邪的效能，該物件即成「辟邪物」。

5. 林志斌於其碩論中指出：

……綜觀前述，辟邪物作為一種象徵物，它代表一種神聖的力量，
並且藉著儀式的作用，將神靈的力量存在於辟邪物所設置的空間
中，用以抵禦各種邪靈、風水煞的侵擾。在烈嶼傳統聚落中，舉凡
聚落的出、入口等交通要衝，廟宇及宗祠等信仰中心，民宅等，
為防止惡煞入侵，皆設置厭勝辟邪物來防衛，並且依據其設置場所
之不同而區分為：聚落型辟邪物、廟宇型辟邪物及民居型辟邪物，
……〔註134〕

林志斌將「厭勝辟邪物」依照設置場所之不同而區分為聚落型辟邪物、廟
宇型辟邪物及民居型辟邪物，其下又細分「聚落型辟邪物」中的五方廟宇、安
五營、北風王、白雞、水尾宮等五種；「廟宇型辟邪物」中的中壇太子、土地
公及虎爺；以及「民居型辟邪物」的太極八卦圖、平安符、瓦將軍、石獅爺、
烘爐、白雞、寶塔、石敢當等，並舉行安「土地公」儀式以祛除邪靈。〔註135〕

6. 陳桂蘭的碩論探討：

……台灣民間所使用的辟邪物，其存在的價值依循三個大原則：功
能、取材、時間。……一、依「功能」論辟邪物……分為空間辟邪
物、時節辟邪物、儀式辟邪物、人身辟邪物、飲食辟邪物五類，……
二、依「取材」論辟邪物，民俗文化累積的歷程中，辟邪物的取得
方式，分為自然辟邪物及人造辟邪物。……三、依「時間」論辟邪
物，大致上以辟邪物「運用的時間點」與「運用後時間歷程」來區
分。……至於看待辟邪物的效力，取決於運用之後的時間歷程長

〔註133〕謝宗榮，《台灣辟邪劍獅研究》，台北：國立藝術學院傳統藝術研究所碩士論文，2000年，頁15。
〔註134〕林志斌，《烈嶼民間信仰儀式觀點下的空間防禦系統》，金門：國立金門大學閩南文化研究所碩論，2013年，頁29。
〔註135〕同上註，頁29～38。

短，分為「常置性辟邪物」與「暫時性辟邪物」。……〔註136〕

陳桂蘭以「功能」、「取材」、「時間」等面向，有系統地整理出辟邪物的種類，對於「辟邪物」的研究，有很大的貢獻。

7. 呂理政教授於其著作中論述「厭勝」與「厭勝物」：

> 一般而言，厭勝可分為厭勝儀式與厭勝物兩者，而其間有相輔相成的關係。前者為具有避邪制煞效力的儀式，也可以稱做「驅除」儀式，如古代逐疫驅屬的「大儺」；後者為具有避邪制煞效力之物，如宗教法器（道士的寶劍、銅鏡、法師的淨鞭等）。……〔註137〕

呂理政教授於上述文獻指出，厭勝分為「厭勝儀式」與「厭勝物」兩者，並繼續闡述厭勝物：

> 在厭勝物方面，除道士、法師的法器頗具代表性之外，在台灣傳統城鄉最常見的是聚落厭勝與民宅厭勝，前者以石敢當最為人所熟知，後者以門楣獸牌與八卦牌最引人注目。……一般而言，傳統厭勝的內容十分龐雜，厭勝物的種類也很多，本文所及僅限於聚落、廟宇及屋宅之厭勝物，這一類厭勝物的設置目的在於保護聚落，廟宇或屋宅，免於風水沖煞或鬼煞入侵，所以可稱為一種「空間護衛厭勝」，而有別於直接保護人身的「護身符」。〔註138〕

呂理政教授此段文獻談論到「空間厭勝」之概念，另依據其書中之記載，其認為「空間厭勝」之種類臚列如下包括：

> 廟宇厭勝物：豎五營、中梁厭勝（八卦、兩儀、四象、河圖、洛書、五方符、黑令旗）。……民宅厭勝物：屋頂厭勝物、屋埕厭勝物、門楣厭勝物、中梁厭勝物等，……依其設置位置分列於次……其類型主要有風獅爺、符水缽、八卦牌、龍、寶塔、烘爐、筆架山、仙人掌……黃飛虎、太極八卦牌、獅子銜劍牌、山海鎮、白虎鏡、虎牌、姜太公符等。……其他置於門楣的「字牌」還有「黃飛虎在此」、「南無阿彌陀佛」、「天官賜福」……等，其中大部分為祈福之物，比較沒有厭勝的性質。〔註139〕

〔註136〕陳桂蘭，《台南縣民宅門楣辟邪物研究》，台南：南大台灣文化研究所碩論，2005 年，頁 10～14。
〔註137〕呂理政，〈傳統信仰與現代社會〉，頁 45。
〔註138〕同上註，頁 47。
〔註139〕呂理政，〈傳統信仰與現代社會〉，頁 53～61。

對於呂理政教授上段論述所提到內容，筆者認為有兩個值得探討的重點，第一是「五方符」，第二是置於門楣的「字牌」，此二者與本研究之「壁鎖」應有關聯，以下從文獻中再探討。

貳、壁鎖與「辟邪物」

呂理政教授於上述〈傳統信仰與現代社會〉書中第54頁記載：「五方符為長方形五色符紙、即東方青色、南方赤色、西方白色、北方黑色、中央黃色，其上有剪刀、尺、鏡，……」。〔註140〕

在這段敘述中，呂理政教授教授談到五方符有「剪刀、尺、鏡」等物，其中剪刀與本研究「壁鎖」之關係，可從一些文獻中釐清。

本研究所蒐集之文獻中得知，「壁鎖」另有「鐵鉸刀尺」、〔註141〕「鐵鉸刀」〔註142〕、「鐵家刀」〔註143〕、「鐵剪刀」〔註144〕等名稱。為何「壁鎖」會有「鐵剪刀」等之稱呼？其實「鐵剪刀」、「鐵鉸刀」、「鐵家刀」等名稱，以台語發音均相同，只是用不同的中文表示，所指的均是剪刀形的「壁鎖」，如圖2-57、圖2-58所示。

圖2-57
下營區周家古厝剪刀形壁鎖

圖2-58
下營區顏氏家廟剪刀形壁鎖

（資料來源：筆者拍攝，2019年）

〔註140〕同上註，頁54。

〔註141〕朱鋒，〈鐵鉸刀尺〉，《臺灣風物》，頁25～26；黃天橫，〈臺南的壁鎖〉，《臺灣文物論集》，頁303～304。

〔註142〕何培夫，〈台南安平的民俗辟邪物〉，《驅邪納福：辟邪文物與文化圖像》，頁46～47；李乾朗，《台灣建築閱覽》，頁55。

〔註143〕李乾朗，《台灣建築史》，頁73。

〔註144〕林會承，《傳統建築手冊──形式與作法篇》，頁57；傅朝卿，《台灣建築的式樣脈絡》，頁23；李乾朗，《台灣古建築圖解事典》，頁78；李乾朗、閻亞寧、徐裕健，《圖解台灣民居》，頁89、104；高燦榮，〈臺灣建築「鐵剪刀」的原鄉探索〉，《藝術家雜誌》第223號，1993年，頁172～177。

關於「鐵剪刀」等壁鎖與辟邪之關係，學者的研究如下：

1. 黃天橫先生之論述：

……這個器物過去沒有固定的名稱，有人稱其為「鐵鉸刀尺」，也有人稱其為「壁鎖」。此兩名稱是由其形態及功用而來的。現在將其功用分別敘述如次：（一）鐵絞刀尺說：器物形體，大多為 T、I、S 型三種。T 型的上端一劃分別向左右彎曲入內，形似鉸刀。I 型似尺，而 S 型是 I 型的變型。據朱鋒氏的「鐵鉸刀尺」一文內說：「……。」所謂「鉸刀尺圖紙」是剪了 T、I 並行黏貼於紙上，再貼於壁上，而與寺廟、居家外側壁裝置鐵質 T、I 等型器物，是同一型體，所不同者一為紙質，一為鐵質的差別而已。而且道家做醮時所用灯斗內置有鉸刀與尺的實物，作鎮妖辟邪之用，由此類推之寺廟、民家外側上的鐵質器物具有同等功用無疑。且與「石敢當」「獸牌」「八卦」俱為壓勝物，所以叫做「鐵鉸刀尺」較為合適。〔註145〕……

黃天橫先生指出「壁鎖」有「鐵絞刀尺」之說，乃在於其器物形體，大多為 T、I、S 型三種。意即以形名物，如本研究之圖 2-59 為 T 形壁鎖，圖 2-60 為 I 形壁鎖，圖 2-61 為 S 形壁鎖。

圖 2-59
鹽水楊氏古厝 T 形壁鎖

圖 2-60
台南永福路伍宅 I 形壁鎖

（資料來源：筆者拍攝，2019 年）

〔註145〕黃天橫，〈臺南的壁鎖〉，《臺灣文物論集》，頁 303～304。

圖 2-61
九如鄉龔家古宅 S 形壁鎖

圖 2-62
台南北極殿 剪刀尺鏡紙圖

（資料來源：筆者拍攝，2019 年）　　　（資料來源：筆者拍攝，2014 年）

2. 王佑洲碩論研究：

黃天橫先生在上文中提到「鉸刀尺圖紙」（依前述文獻，該圖紙是否為「剪刀尺鏡圖紙」之誤？），因宮廟中多製作「剪刀尺鏡圖紙」，又稱為「剪刀鏡符」，簡稱「鏡符」，此符為安龍謝土科儀中重要鎮壓五方神煞之圖騰，如圖2-62。〔註 146〕

「剪刀鏡符」安置在寺廟的牆壁上，不同方位的牆壁需使用不同顏色的「剪刀尺鏡圖紙」，方符合五行理論。關於此點，王佑洲在研究指出：

> 此符為一四方紙上貼有紙製「剪刀」、「尺」、「鏡」造型之圖案符紙，
> 在安龍奠土科儀結束前於廟宇正殿四隅牆面及中央按其順時針方向
> 依五方五色張貼以示安鎮五方神煞，此五方剪刀鏡符分別為：「青
> 色代表東方為青龍，紅色代表南方為朱雀，黃色代表中央為勾陳，
> 白色代表西方為白虎，黑色代表北方為玄武」，符中圖騰有其喻意為
> 「合境平安，是非分寸拿捏」之意思。〔註 147〕

亦即「鏡符」須配合五色、五行，張貼五方剪刀鏡符，以符合安鎮五方神煞之意。「剪刀鏡符」中之剪刀、尺、鏡三物，亦有其意涵，王佑洲論述：

> 剪刀、尺、鏡三器物在民間信仰上，人們咸信這些器物經過道長法
> 師的持法及神明的加持，是具有法力功能，對於無形界魑魅魍魎鬼
> 怪神煞是具有殺傷力，……剪，有其滅除之意，又剪刀如劍，能剪除
> 魑魅魍魎之作祟，且剪刀之「剪」閩南語音為「家」，有其「家」之

〔註 146〕王佑洲，《剪刀鏡符之研究》，台南：國立台南大學台灣文化研究所碩論，2007
　　　　年，頁 38。
〔註 147〕王佑洲，《剪刀鏡符之研究》，頁 38。

意；……三樣器物的組合，有著「剪刀減除一切魑魅魍魎，古鏡能
辟邪魅忤惡，明是非，尺乃斷公義」之內涵。〔註148〕

上段論述，說明剪刀「能剪除魑魅魍魎之作祟」，意即有避邪去煞之功能，再觀察「剪刀鏡符」，除了顏色不同外，另外還有將剪刀置中與鏡子置中的不同，王佑洲加以論述：

……對於剪刀鏡符則分宮廟用的……中央鏡符剪刀則閉口向下，其
鏡置中，與家宅用……，並將剪刀置中兩種，廟用剪刀鏡符將鏡圖
騰擺於中央其意為合境平安，反之家宅所使用的鏡符則謂闔家平安
之意，……〔註149〕

此段意即以「鏡」與「境」，「剪」與「家」之台語發音諧音加以寓意。

王佑洲研究結果說明廟宇張貼「剪刀鏡符」，主要的目的意為在廟宇的神聖空間中去除一切邪穢，並保護境內居民平安。〔註150〕

對於鐵剪刀使用於建築物以求避邪厭勝，除了張貼「剪刀鏡符」外，實際上發現有宮廟的「剪刀鏡符」中的剪刀係使用真正的鐵剪刀、鏡、尺與符，似可印證「鐵剪刀」在民俗信仰中「辟邪厭勝」所佔的地位，如圖2-63、圖2-64、圖2-65。

此外，在宮廟中的拜斗儀式，斗筒中置放器物有：尺、鏡子、剪刀、秤、七星劍等五項法器。其中剪刀所代表的意涵為：朱雀鳳凰朝儀剪，以剪斷葛藤，去除邪祟糾纏。其亦有驅邪、賜福之意，〔註151〕如圖2-66。

圖2-63　鹿港玉渠宮鐵剪刀　　　**圖2-64　鹿港玉渠宮鐵剪刀**

〔註148〕同上註，頁38。
〔註149〕同上註，頁39。
〔註150〕王佑洲，《剪刀鏡符之研究》，頁53。
〔註151〕同上註，頁62。

圖 2-65　鹿港玉渠宮鐵剪刀　　　圖 2-66　禮斗斗桶中置放鐵剪刀

（資料來源：筆者拍攝，2014 年）

3. 關於拜斗（或稱禮斗），謝宗榮研究指出：

斗燈即拜斗儀式中所供奉的祀具。拜斗乃是源諸古代的星辰，……
斗筒從一般的米斗到雕刻精緻的木斗皆有，其忠盛滿白米，上插涼
傘，……。在斗筒中依序置放剪刀、尺、鏡、劍諸吉祥、辟邪物，以
示五形俱全，亦各具深刻的寓意，例如：寶劍屬金，辟除不祥；剪
刀亦屬金，既可剪除不祥，亦諧音「家」，全家增祥；……〔註152〕

這段論述解釋在拜斗儀式中斗筒擺設的剪刀，其在民俗信仰中的所象徵
的「辟邪」意涵。剪刀除了在宮廟的牆壁上，以及拜斗儀式中出現外，在台
灣民宅建築中，也可以發現其裝置在牆壁上，並也具有辟邪的功能，學者的
研究如下：

4. 何培夫對於鐵剪刀的辟邪功能，提出看法：

剪刀是生活中常見的器具，非常銳利，可以裁剪物品；宗教上信仰
剪刀的特性，認為可以藉此辟除邪穢。例如在「禮斗」儀式中，剪
刀即為法器之一；在廟宇兩側牆壁，張貼剪刀圖像的符令。而在台
灣南部古老寺廟與民宅山牆頂上，也可以找到俗稱「鐵鉸刀」的鐵
件，卻令人猜測它的作用為何？民間將「鐵鉸刀」嵌於牆壁，據說
能夠安居鎮宅，祈福辟邪。……〔註153〕

何培夫在上文中，敘述「禮斗」儀式中的剪刀與在廟宇兩側牆壁張貼的剪

〔註152〕謝宗榮，《臺灣的民俗信仰與文化資產》，台北：博揚文化，2015 年，頁 249。
〔註153〕何培夫，〈台南安平的民俗辟邪物〉，《驅邪納福：辟邪文物與文化圖像》，頁 46
～47。

刀圖像符令，認為可以藉此辟除邪穢。但對於「鐵鉸刀」的祈福辟邪功能，並未指出「壁鎖」與其在民間信仰的功能產生關連之脈絡。

5. 覃瑞南在〈風水鎮物在台灣地區民宅施作的研究〉中提到：

> 壁鎖是農業社會所使用的鐵剪刀，安置在傳統民宅的山牆上，形狀有 Y 型或 S 型，「壁鎖」原為建築構件之一，係鐵質建材，其原始功用在於連接橫樑，讓山牆與樑木緊緊抓住，藉以防地震或颱風。後來逐漸演化成裝飾物件，民間相信鐵剪刀可以剪除妖孽災難，因而成為風水鎮物。〔註154〕

覃瑞南在上文中，提到壁鎖有 Y 型和 S 型，並指出壁鎖有加強建築結構功能、裝飾功能與辟邪功能等三種功能。

6. 謝宗榮碩論中論述：「表 2.臺灣傳統漢人民間信仰辟邪物屬性分類簡表，其中辟邪物分為自然物和人造物，在人造物之第 2 項雜器物中列出『鐵鉸刀尺』與『鉸刀尺鏡』……第 6 項象徵物中列出『卍字』、『字牌』……。」〔註155〕

謝宗榮上文中提到「鐵鉸刀尺」、「鉸刀尺鏡」「卍字」、「字牌」等人造辟邪物，正與本研究之壁鎖相呼應，因在台灣的壁鎖有發現剪刀形與 I 形，在中國大陸則有發現「卍字形」壁鎖（如圖 2-67）與「壽字形」壁鎖（如圖 2-68）。

圖 2-67　卍字形壁鎖	圖 2-68　壽字形壁鎖

（資料來源：筆者拍攝，2019 年）

〔註154〕覃瑞南，〈風水鎮物在台灣地區民宅施作的研究〉，《台南女院學報》第 23 期，台南：台南科技大學，2004 年，頁 267～287。

〔註155〕謝宗榮，《台灣辟邪劍獅研究》，頁 21。

關於人造辟邪物，陳桂蘭的碩論研究論述：

> 「人造辟邪物」則是經過人為介入、選擇、改造而成，其型態有三種：（一）原始目的不是為了辟邪，引以借用。……。（二）取用具有辟邪特性的自然物為材料，進行加工。……。（三）為了藝術化表達，選擇文字圖符組合，重新另取材料製作，通常轉化為平面的形式，辟邪象徵意味濃厚。門楣辟邪物常見的八卦牌、獸牌、山海鎮，是適應生活發展與文化變遷，將民俗辟邪觀念下的文字圖符設計組合，材料本身即使不見得有辟邪意義，但整體組合絕對是為了辟邪目的而製的辟邪物，人造痕跡明顯，市面上販售的辟邪物大多屬於此類。〔註156〕

陳桂蘭的研究論述，正提供了製造「鐵剪刀」、「鐵鉸刀尺」、「卍字」、「字牌」等造形壁鎖的理論基礎。

綜合本節以上論述得知：

一、壁鎖具有「辟邪」與「吉祥」兩種意義。

二、剪刀在民俗信仰中佔有重要的地位，因此也形成「鐵剪刀」造形的壁鎖具有民俗信仰的「趨吉辟邪」象徵。

三、具有特殊的造型的「壁鎖」，也如同八卦牌、獸牌、山海鎮一樣，是為適應生活發展與文化變遷而產生之「辟邪物」。

第五節　壁鎖與「彰顯」之社會價值

壹、建築裝飾「表彰」的意涵

本節欲探討的是有關「壁鎖」的另一種功能，建築裝飾的功能除如前論述有「增加美觀」、「祈福」、「辟邪」外，尚有「炫耀」與「彰顯」功能，首先探討有關建築裝飾於此領域的相關文獻，茲列舉如下

1. 李乾朗教授，《台灣古建築圖解事典》：

> 台灣古建築的裝飾動機，源自於象徵、祈願、辟邪、<u>表彰</u>與審美等價值判斷。……<u>漢人建築依使用者的社會地位或神格高低</u>，裝飾題材也有別，除了自然的鳥獸蟲魚及人物，也有想像中創造出來的靈獸與神怪。〔註157〕

〔註156〕陳桂蘭，《台南縣民宅門楣辟邪物研究》，頁11～12。
〔註157〕李乾朗，《台灣古建築圖解事典》，頁115。

2. 楊裕富、許峰旗、董皇志等，〈傳統建築圖像裝飾工藝設計──六合法則〉：

> ……「脊飾」，……原先也具有壓瓦與固定屋頂的構造作用，但後來也轉化增加「階級區別」與「鎮煞、祈福」等的裝飾作用。所以這些結構與裝飾結合的構件，雖後期不一定有結構性作用，但起源卻是為了結構而合，或是透過裝飾來表現某種「結構」類型之意象，以此類型結構來達到「彰顯」或「炫耀」的目的。……為「階級」而合：以宮殿及私人豪邸而言，裝飾工藝已經不是單純的「為增美而合」，更無須「為結構而合」，……「合」的重點已轉變為顯示尊卑等級，或成為屋主誇耀權勢與財富，與平民百姓階級不同……。」〔註158〕

在上述學者之論述中，可以得知建築裝飾有「表彰」、「彰顯」或「炫耀」的目的與顯示「尊卑等級」，或成為屋主「誇耀權勢與財富」等功能。且漢人建築依使用者的社會地位或神格高低，創造或使用不同的建築裝飾題材，例如「龍」在封建時代，皇宮建築裝飾使用的「龍」用五爪，代表皇帝；等而次之的皇親國戚只能使用四爪、三爪。另外如皇宮大門門釘使用九九八十一顆，其他地方的門釘數則不可超越這個數量，這些都是建築裝飾的階級與「尊卑等級」的功能。〔註159〕

台灣「壁鎖」設置的建築物有寺廟（如圖2-69）、官方建築（如圖2-70）、公共建築（如圖2-71）、豪宅（如圖2-72）所示。

圖2-69　麻豆護濟宮壁鎖　　　　　圖2-70　台南孔廟壁鎖

〔註158〕楊裕富、許峰旗、董皇志，〈傳統建築圖像裝飾工藝設計──六合法則〉，頁47～48。
〔註159〕樓慶西，《裝飾之道》，頁68～69。

圖 2-71　　新營沈氏宗祠壁鎖　　　　圖 2-72　　屏東縣九如鄉龔家

（資料來源：筆者拍攝，2019 年）

上述建築物均有其特定的社會意涵，寺廟代表的是宗教信仰場域、公共建築與官方建築代表的是官方或公眾事務的領域，豪宅代表的則是私人社會階級或財富的「表徵」。

貳、「壁鎖」與「彰顯」的意涵

「壁鎖」在建築裝飾的領域中，自然如同其他建築裝飾一般，除了美觀、辟邪、祈福外，另外代表的是社會階級的象徵，亦有其「表彰」、「彰顯」或「炫耀」的功能或目的，如「炫富」、「表徵」等。關於此點，在學者研究「壁鎖」文獻中，有如下之探討：

許淑娟在《文化融合下的表徵——以壁鎖為例》中論述：

在所蒐集的 55 個樣本中，可發現壁鎖的分布北至鹿港，南至東港。……經過數代農耕的經營、貨物的交易買賣，乃至雍正與乾隆時期，社會富庶，望族的興起，河、海港附近的平原聚落遂有大宅第的興建，而這些大宅第中有些建物則置有壁鎖。而置有壁鎖的屋舍宅第，其屋主多具有財力，並善用蔗糖的買賣以迅速累積財富。在有清一代，功名與聲望都是家族勢力中不可或缺的要素，有功名象徵家族有社會上實質的地位，……然而在日治時期，科舉功名不再是地位的象徵，經商所獲得財富的多寡便成為興屋最主要的指標。〔註160〕

此段論述主要由歷史與社會地位之觀點出發，以各該壁鎖所在建築物之物主家世與所處地區之歷史、經濟與人文為主，另對於壁鎖與屋主社經地位，

〔註160〕許淑娟，《文化融合下的表徵——以壁鎖為例》，頁 123。

均有分析與歸類，對於台灣壁鎖之研究具有相當程度的貢獻。該論文對於壁鎖之社經地位表徵雖有論述，然而，但並未深入探討。因此，尚有許多待後起之研究者探究之處。

在探討「壁鎖」與「彰顯」的意涵時，突顯一個疑問？為什麼在台灣的「壁鎖」具有「表彰」、「彰顯」或「炫耀」的功能或目的？這一點是本研究欲釐清的重點。依筆者研究判斷，此一現象可能跟清朝實施禁鐵命令有關。首先我們從歷史面向切入，台灣於康熙二十二年（1683）入清朝版圖，在康熙四十五年（1706）實施鐵禁，直到光緒元年（1875）方解禁。〔註161〕在歷時長達169年的鐵器限制令中，清朝對台灣施行「鐵器禁令」，依據日本學者伊能嘉矩在《臺灣文化志》第五章〈軍器等之禁制〉的研究如下：

> 又為防遏違禁之軍器，禁止由中國大陸前來臺灣之船舶私自輸入、興販鐵貨。蓋《清律》之〈兵律〉私賣軍器之註有：「鐵是軍需之物，貨是未成之軍器也。」作為軍器材料之鐵貨亦比照軍器限制私賣。又與此關聯，對鑄戶亦加以嚴格之管束。原本「閩省各屬，多係產鐵之區。……凡設爐者均應請帖，販鐵者皆令請照，以杜私煽、偷漏等弊」凤為《福建省例》所定，在臺灣特定例云：「舊例：臺灣鼓鑄鍋皿、農具之人，向須地方官舉充，由藩司（布政使）給照，通臺祇二十七家，名曰鑄戶，其鐵由內地漳州采買，私開、私販者治罪。」（同治十三年沈葆楨之〈臺地後山請開舊禁疏〉中所引臺灣道夏獻綸之詳稱。）給付之以爐戳（官定之公印），以明責成。既經允准總理船政大臣沈葆楨之奏疏（〈臺地後山請開舊禁疏〉），於是光緒元年裁撤販鐵之禁例，惟鑄戶之管束依舊，……。〔註162〕

依上述學者許毓良與伊能嘉矩之研究，台灣在康熙四十五年（1706）到光緒元年（1875）之鐵禁，其目的「為防遏違禁之軍器」，但是為了民生需要，所以有限度的開放鐵貨買賣，惟必須申請核准。就連「臺灣鼓鑄鍋皿、農具之人」，「通臺祇二十七家，名曰鑄戶」，並且「禁止由中國大陸前來臺灣之船舶私自輸入、興販鐵貨」。但因鐵器為重要民生用品，因此，禁令雖嚴格，但不乏走私冒險之輩。嘉慶二年（1797）曾查獲漳浦縣民藍三世等走私鐵鍋「二千

〔註161〕許毓良，《清代臺灣的軍事與社會——以武力控制為核心的討論》，台北：國立台灣師大歷史研究所博士論文，2004年，頁189。

〔註162〕伊能嘉矩原著、國史館臺灣文獻館編《臺灣文化志（修訂版）》上卷，台北：臺灣書房出版社，2011年初版，頁547～548。

六百五十餘口、鐵釘五百六十餘斤」，結果被處以絞刑。〔註163〕從上例可想而知，其走私獲利之高，是故人民甘冒死刑之險而犯之。

探討清朝對台之「鐵器禁令」，其意義主要在於鐵器於清朝康熙四十五年至光緒元年之間，台灣鐵貨之量稀少，且全台鑄戶鐵匠才 27 人，對於鐵器的製造與買賣勢必不易，且可能有錢也未必可以買到。因此，對於「壁鎖」，恐非一般百姓庶民可以訂製、裝置。依此推論，「壁鎖」在康熙四十五年（1706）到光緒元年（1875）之間，應是官方、大戶人家、富豪或公共建築與寺廟方可訂製採買之物。在建築物之上裝置「壁鎖」，亦足以顯示私人住宅之勢力、財力與社會階級。正符合本節所欲證明「壁鎖」具有「彰顯」功能之推論。

小結

以上為有關論述「壁鎖」之文獻，藉由爬梳史料、研究論文與專書，得到以下結論：

（一）「安平城」的「雉堞釘以鐵」，極可能是壁鎖，其目的在於「結合荷蘭人所建造之倉庫與士兵營舍的樑柱，以增加其結構之穩定性」。

（二）「台灣府城」的雉堞包以鐵皮，並非釘以鐵，因為該城之雉堞之後即為馬道，並無釘壁鎖之必要，此點亦為「台灣府城」與「安平城」建築上之差異，亦可由此點了解中國式城牆與荷蘭式城牆之不同。

（三）對於壁鎖在建築上有「加強桁檁與山牆之結構穩固功能」，在文獻上得到印證。

（四）台灣傳統建築之山牆的鵝頭墜、烟板、鳥踏等部位，可見到壁鎖的設置，實則亦即桁檁、楹梁之架構之處；但在大陸之傳統建築則不限上述之處，包括墀頭、檐牆或門柱均可見到為加強建築物結構穩固之「壁鎖」（或稱為「鐵釟鋦」、「螞蝗攀」、「鐵壁虎」），此點為兩岸傳統建築結構之差異。

（五）「壁鎖」除具「建築結構」功能、「建築裝飾」功能外，經由學者的研究文獻，民俗信仰認為「壁鎖」具有「辟邪」與「祈福」之功能。

（六）本研究在大陸所訪查的壁鎖（鐵釟鋦、螞蝗攀、鐵壁虎），其設置位置則幾乎遍佈建築物牆體，且造型比台灣壁鎖豐富：「卍字形壁鎖」、「丩字形壁鎖」、「金剛杵形壁鎖」、「壽字形壁鎖」、等等，均含有「祈願」意涵。

〔註163〕林榮盛，〈清代台灣的鐵器管制初探（1706～1875）〉，《洄瀾春秋》第 8 期，花蓮：國立東華大學歷史學系暨研究所，2011 年 10 月，頁 29～30。

第三章　台灣「壁鎖」之田調

第一節　田調紀錄與探討

壹、臺灣田調之計畫與基礎

在台灣「壁鎖」設定的田野調查樣本，主要是參考許淑娟 2011 年之碩論《文化融合下的表徵——以壁鎖為例》中所記錄之研究結果為依據〔註1〕，另外再參考有關台灣壁鎖之文獻，擬定計畫實施田調訪查。

一、許淑娟碩論之田調統計探討

許淑娟之碩論，是國內第一本有系統且研究查訪之壁鎖樣本最多的文獻，依存在地區分別位於台灣中部與南部，總計為五十五處，筆者分析歸納該研究之壁鎖樣本數據，整理如下：

（一）台南四十八處

分別是麻豆區十二處、中西區十處、下營區七處、鹽水區五處、新化區四處、安平區三處、北區二處、新營區二處、柳營區二處、六甲區一處。

（二）台灣中部地區二處

1. 彰化縣一處：鹿港興安宮旁民宅。
2. 雲林縣一處：大埤鄉太和街三山國王廟。

（三）台灣南部地區五處

1. 嘉義縣一處：布袋鎮樹林里武魁莊宅。

〔註1〕許淑娟，《文化融合下的表徵——以壁鎖為例》，頁9～11。

2. 屏東縣四處：東港鎮二處、里港鄉一處、九如鄉一處。

上述研究結果統計分析彙整，如表 3-1。台南市因為壁鎖數量眾多，故另外彙整製表，如表 3-2。

表 3-1　臺灣壁鎖建物原分佈彙整表

縣市	臺南市							
行政區	麻豆區	中西區	下營區	鹽水區	新化區	安平區	北　區	新營區
數量	12	10	7	5	4	3	2	2
累計	12	22	29	34	38	41	43	45
縣市	臺南市		屏東縣			嘉義縣	雲林縣	彰化縣
行政區	柳營區	六甲區	東港鎮	里港鄉	九如鄉	布袋鎮	大埤鄉	鹿港鎮
數量	2	1	2	1	1	1	1	1
累計	47	48	40	51	52	53	54	55

（本研究整理，2019 年）
資料來源：修改自許淑娟，《文化融合下的表徵──以壁鎖為例》，2011 年。〔註 2〕

表 3-2　台南市設置壁鎖建物原分布彙整表

地區別	溪北曾文區			溪北新營區		
區域別	麻豆區	下營區	六甲區	鹽水區	新營區	柳營區
數量	12	7	1	5	2	2
累計	12	19	20	25	27	29
地區別	溪南區	原台南市區				
區域別	新化區	中西區		安平區	北　區	
數量	4	10		3	2	
累計	33	43		46	48	

（本研究整理，2019 年）
資料來源：修改自許淑娟，《文化融合下的表徵──以壁鎖為例》，2011 年。〔註 3〕

二、本研究之田調紀錄與探討

筆者對於台灣「壁鎖」於本（2019）年重新進行田調查訪記錄，並依照田調結果，分析歸納「壁鎖」樣本，歸納台灣「壁鎖」之種類、位址、現況。

〔註 2〕許淑娟，《文化融合下的表徵──以壁鎖為例》，頁 9～11。
〔註 3〕同上註。

本研究查訪台灣「壁鎖」樣本位址共五十八處，存在地區分別位於台灣中部與南部，除了許淑娟原來之五十五處樣本外，另發現增加三處，分別是台南市中西區的大天后宮、林宅與嘉義縣朴子市的配天宮。本研究照片大多為筆者在 2019 年拍攝，有部分為過去田調舊照片，或參考其他研究者之文獻，特別列出說明。以下依照台南市、屏東縣、雲林縣、嘉義縣、彰化縣等順序紀錄論述。

第二節　台南市之田調紀錄與探討

因為台南市的壁鎖數量眾多，故分成三個區塊探討，分別是：1.溪北曾文區、2.溪北新營區、3.溪南及原台南市區。

壹、溪北曾文區

1. 台南麻豆區　郭舉人宅

位於台南市麻豆區大埕裡大埕 9 號，郭舉人宅格局為兩落，房屋為傳統磚木結構，正廳供奉郭家祖先牌位（圖 3-1、圖 3-2）。目前郭宅毀壞甚多，屋子的木架構及外部磚牆多處破鎖，山牆與後面牆壁長滿蔓藤，無人居住（圖 3-3）。該處之壁鎖造型為剪刀形，左右山牆均有設置壁鎖（圖 3-4 至圖 3-8）。

2. 台南麻豆區　護濟宮

位於麻豆區光復路 106 號，護濟宮為兩殿式建築，建築格局有三川殿及正殿（圖 3-9），在三川殿及正殿之山牆鵝頭墜處均設置 T 形壁鎖，左邊山牆共有四支壁鎖（圖 3-10、圖 3-11），右邊山牆因另連接後建之「金蓮寺」，因此，其原設置壁鎖之處只能看見一支壁鎖（圖 3-12）。

圖 3-1　麻豆區郭舉人宅正面　　　圖 3-2　麻豆區郭舉人宅旗桿座

（資料來源：筆者拍攝，2019 年）

圖 3-3　郭舉人宅第二落老屋　　圖 3-4　郭舉人宅左山牆壁鎖 1

圖 3-5　郭舉人宅左山牆壁鎖 2　　圖 3-6　郭舉人宅左山牆壁鎖 3

圖 3-7　郭舉人宅右山牆壁鎖 1　　圖 3-8　郭舉人宅右山牆壁鎖 2

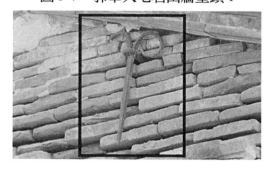 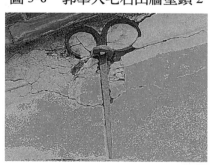

圖 3-9　麻豆區護濟宮為兩殿式建築　　圖 3-10　護濟宮三川殿左山牆壁鎖

（資料來源：筆者拍攝，2019 年）

圖 3-11　護濟宮正殿左山牆壁鎖　　圖 3-12　護濟宮三川殿右山牆壁鎖

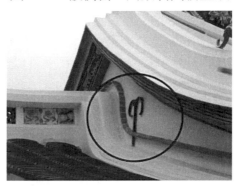

（資料來源：筆者拍攝，2019 年）

3. 台南麻豆區　林家二房

麻豆區林家概述

　　麻豆林家之開台祖林文敏經營糖業起家，經商有成，因其經濟與政治上的實力，使「麻豆林家」在當時與「台中霧峰林家」、「臺北板橋林家」三者合稱「台灣三林」。林文敏之子孫事業功名有成，在麻豆地區開枝散葉，林文敏後在麻豆建築包括「林家古厝」共七座豪宅古厝，後因部分後人爭奪家產，以致部分古厝遭到拆除、賣地蓋公寓之結果。現林家祖厝已經拆除，四房古厝於民國 67 年時拆掉一半，今僅剩西半部的半邊，被稱為「半邊厝」，剩餘古厝部分雜草叢生，不堪居住。五房古厝於民國 77 年被拆遷到彰化台灣民俗村做展示；七房祖厝也已全數拆除改建成高樓〔註4〕。目前只剩下二房、三房、八房尚有人居住。

麻豆區　林家二房

　　林家二房古厝位於麻豆區興國路 29 號，位於興國路郵局旁邊的一條小巷子內，二房古厝原為「大厝九包五，三落百二門」的三落大宅第，但第三落建築已毀於日據時代。現為兩落左右護龍所組成的四合院，二房古厝第一、二落皆為穿斗式屋架（圖 3-13、圖 3-14）。

　　林家二房古厝之山牆均有設置壁鎖，其立面護龍之山牆上之壁鎖為剪刀形，左右各兩支，分別裝置於煙板上；至其第一落內護龍之外壁牆上，則另外設置 8 字形以及橫 8 字形之壁鎖，整體而言，二房之建築結構尚可居住，但品質稍差，其第一落與第二落之護龍過水廊屋頂與廊柱，有幾處損壞，只使用烤

漆浪板與鐵管做修復支撐，與原古厝之建築風格不甚搭配。其壁鎖保存均為良好，惜年久生鏽，尚待維修。（圖 3-15、圖 3-16）。

圖 3-13　林家二房古厝　　　　　圖 3-14　林家二房古厝穿斗式屋架

（資料來源：筆者拍攝，2019 年）

圖 3-15　林家二房古厝剪刀形壁鎖　　圖 3-16　林家二房古厝 8 字形壁鎖

 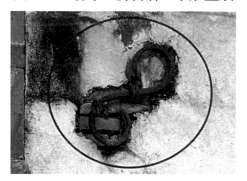

（資料來源：筆者拍攝，2019 年）

4. 台南麻豆區　林家三房

林家三房古厝位於麻豆區三民路 50 號，古厝保存良好，三房古厝現為兩落左右護龍所組成的四合院，前仍有大埕，正廳原來之木製大門改為鐵捲門，頗令人訝異，部分建築老舊破損，只用烤漆板整修，第二落屋頂生長雜草，並未整理，其入口改為鐵柵門（圖 3-17、圖 3-18）。

從三民路上觀察，在其第二落之稍間山牆上與其護龍後面牆壁，有設置剪刀形壁鎖，另外，在第二落正廳後面牆壁，也有 S 形壁鎖（圖 3-19、圖 3-20）。

整體觀察而言，林家三房算是保存較完整的古厝，但可能因為經濟或古厝業主有其他因素，以致在維護古厝之原始風貌，未能遵循傳統工法，但尚待查證。

圖 3-17　林家三房古厝正面　　圖 3-18　林家三房古厝護龍壁鎖

圖 3-19　林家三房古厝剪刀形壁鎖　　圖 3-20　林家三房古厝 S 形壁鎖

（資料來源：筆者拍攝，2019 年）

5. 台南麻豆區　林家四房

　　林家四房古厝位於麻豆區和平路 20 號，古厝因為林家後代一些問題，以至於拆除半邊，古厝雜草叢生，老樹包覆古厝，很難令人想像這曾經是台灣南部數一數二的巨富豪宅，老厝幾乎半毀，難以進入（圖 3-21），古厝的左側山牆上，在雜樹纏繞中，可以見到一支剪刀形壁鎖，其餘部分難以觀察（圖 3-22）。附上康鍩錫拍攝的舊照片，用以觀察對照林家四房古厝今昔（圖 3-23、圖 3-24）。

圖 3-21　林家四房古厝正面　　圖 3-22　林家四房護龍山牆壁鎖

（資料來源：筆者拍攝，2019 年）

圖 3-23
林家四房護龍壁鎖舊照片

圖 3-24
林家四房古厝側面舊照片

（資料來源：康鍩錫，2003 年）〔註5〕　　（資料來源：康鍩錫，2003 年）〔註6〕

6. 台南麻豆區　林家八房

　　林家八房古厝位於麻豆區仁愛路 29 巷 2 號，古厝保存尚好，為兩落左右護龍所組成的四合院，前方有大埕，右側有一大片空地及幾棟日式老建築物，正廳大門採凹壽設計，桁檁木架採穿斗式結構，門廳之梁柱及其他木構件，絕少彩繪，保持原木色澤，整體保存尚稱良好。大門內側懸掛一方「文魁」匾額，據查該匾額係麻豆林家長房第三代林志訓於光緒 19 年（1893）癸巳恩科福建鄉試第五十五名文舉人，林志訓榜名為林瑤〔註7〕。八房子孫仍住在其中，但因屋內曾遭失竊古物，故並不歡迎外客參觀（圖 3-25、圖 3-26）。八房之壁鎖有兩處，一處在第一落門廳的右側山牆上，另一處在其左側護龍之山牆上。兩處之壁鎖均為剪刀形，保存良好（圖 3-27、圖 3-28）。

7. 台南麻豆區　大同街張宅

　　大同街張宅古厝位於麻豆區大同街 5 號，古厝以磚牆圍成內外，古厝為三合院格局，有正身和護龍，後面庭院因缺人管理照顧，雜草藤蔓遍佈，張家後代仍在古厝居住，桁檁木架採穿斗式結構，門廳之梁、柱、窗花及其他木構件，未施彩繪，保持原木色澤，木結構部分保存良好（圖 3-29、圖 3-30）。張宅之壁鎖設置於正身與左右護龍之山牆上，左右護龍山牆之烟板設置∞型壁

〔註 5〕 康鍩錫，《台灣古厝圖鑑》，頁 184～187。

〔註 6〕 同上註，頁 184。

〔註 7〕 C. H. CHEN，〈麻豆林家文舉人釋疑〉，2017 年 9 月 10 日（https://www.facebook.com/notes/ch-chen/%E9%BA%BB%E8%B1%86%E6%9E%97%E5%AE%B6%E6%96%87%E8%88%89%E4%BA%BA%E9%87%8B%E7%96%91/1950105161668008/）

鎖，山牆之鵝頭墜處裝飾泥塑的蓮花與唐草，待年久之後泥塑脫落，在該泥塑之下隱藏之剪刀形壁鎖方顯現出來，該宅之壁鎖保存狀態良好（圖 3-31 至圖 3-36）。

圖 3-25　林家八房門廳　　　　圖 3-26　林家八房之「文魁」匾額

圖 3-27
林家八房右側山牆壁鎖

圖 3-28
林家八房左側護龍山牆壁鎖

（資料來源：筆者拍攝，2019 年）

圖 3-29　張宅古厝前院大埕　　　　圖 3-30　張宅古厝門廳

圖 3-31
張宅古厝右側護龍山牆壁鎖

圖 3-32
張宅古厝左側護龍山牆壁鎖

（資料來源：筆者拍攝，2019 年）

圖 3-33　張宅古厝護龍山牆
鵝頭墜之隱藏式剪刀形壁鎖

圖 3-34
張宅古厝護龍山牆之∞形壁鎖

圖 3-35
張宅古厝正身右側山牆壁鎖

圖 3-36
張宅古厝正身左側山牆壁鎖

（資料來源：筆者拍攝，2019 年）

8. 台南麻豆區　民族路李宅

民族路李宅古厝位於民族路 35 號，古厝目前已沒有護龍和庭院，原本可能是「一條龍」的格局。該古厝被拆成一半，只剩正廳和右側厝身，屋頂以烤漆板覆蓋原有之磚瓦屋頂，幾乎看不出古厝的韻味（圖 3-37、圖 3-38）。李宅之壁鎖設置於正身右側山牆上，山牆之烟板設置兩支 ∞ 型壁鎖，山牆之鵝頭墜部位裝有一支剪刀形壁鎖，該宅之壁鎖保存狀態良好（圖 3-39、圖 3-40）。

圖 3-37　李宅古厝左側面　　　　圖 3-38　李宅古厝右側面

圖 3-39　　　　　　　　　　　　　圖 3-40
李宅正身右側山牆剪刀形壁鎖　　　李宅正身右側山牆壁鎖

（資料來源：筆者拍攝，2019 年）

9. 台南麻豆區　油車里王宅古厝

麻豆區王宅古厝於麻豆區油車里油車 12 號，古厝有正身和護龍及庭院，兩座護龍再以洗石子及磚頭砌成一座門牆，形成中間有大埕的三合院，該古厝現有其後代居住，正廳和護龍厝身均維護良好，保有大戶人家古厝的韻味（圖 3-41、圖 3-42）。王宅之壁鎖設置於正身左側山牆上，山牆之烟板設置兩支 S 形壁鎖，山牆之鵝頭墜部位裝有一支剪刀形壁鎖，該宅之壁鎖均保存良好（圖 3-43、圖 3-44）。

圖 3-41　王宅古厝正面　　　　圖 3-42　王宅古厝三合院

圖 3-43　　　　　　　　　　圖 3-44
王宅正身左側山牆剪刀形壁鎖　　王宅正身左側山牆 S 形壁鎖

（資料來源：筆者拍攝，2019 年）

10. 台南麻豆區　大同街吳宅

　　麻豆區吳宅古厝之地址為大同街 7 巷 1 號，筆者至該地查訪得知，該古
厝已經拆除，壁鎖亦消失（圖 3-45）。

圖 3-45　原大同街 7 巷 1 號吳宅現狀　　圖 3-46　原陳家街屋地址現狀

（資料來源：筆者拍攝，2019 年）

11. 台南麻豆區　大同街陳宅

麻豆區陳宅之地址為大同街，筆者至該地區查訪，得知該處之古厝已經拆除，改建新屋，壁鎖亦消失（圖3-46）。

12. 台南麻豆區　陳家街屋

麻豆區陳家街屋之地址為興民街8號，經訪查該地區得知，該處之古厝已經拆除，準備改建新屋，現地雜草叢生，壁鎖亦消失（圖3-47、圖3-48）。

圖3-47　陳家街屋拆除空地　　圖3-48　興民街8號原陳家街屋現狀

（資料來源：筆者拍攝，2019年）

13. 台南下營區　顏氏家廟

顏氏家廟位於下營區紅毛厝123號，該古厝係磚木建築，為三開間、一條龍之格局（圖3-49、圖3-50），在該家廟之左右山牆上，位於鵝頭墜處裝有一支剪刀形壁鎖，在烟板處則有兩支∞形壁鎖，壁鎖保存良好（圖3-51、圖3-52）。

圖3-49　下營區顏氏家廟左側　　圖3-50　下營區顏氏家廟右側
　　　　山牆剪刀形與∞形壁鎖　　　　　　山牆剪刀形與∞形壁鎖

（資料來源：筆者拍攝，2019年）

圖 3-51
下營區顏氏家廟剪刀形壁鎖

圖 3-52
下營區顏氏家廟∞形壁鎖

（資料來源：筆者拍攝，2019 年）

14. 台南下營區　邱宅

該宅地址位於下營區開化村中營 477 號，經筆者查訪，該古厝因無人居住，年久失修，處於半毀狀態，在右側山牆上可見到兩支 S 形和一支剪刀形壁鎖（圖 3-53、圖 3-54）。

圖 3-53　下營區邱宅側面　　　**圖 3-54　下營區邱宅右面山牆壁鎖**

（資料來源：筆者拍攝，2019 年）

15. 台南下營區　周家第一代祖屋

該宅地址位於下營區茅營里 1024 號，經筆者查訪，該古厝因後代子孫未居住，年久失修，雜草藤蔓叢生，在山牆上可見到一支 S 形壁鎖（圖 3-55、圖 3-56）。

16. 台南下營區　周家第二代古厝

該宅地址位於下營區茅營里 1033 號，該古厝係磚木建造，為五開間、雙護龍之三合院，桁檁結構為穿斗式（圖 3-57）。在右山牆上只見到兩支 S 形壁

鎖，鵝頭墜部位的剪刀形壁鎖消失（圖 3-58）。左山牆上可見到一支剪刀形和兩支∞形壁鎖，均保存良好（圖 3-59、圖 3-60）。

圖 3-55 下營區周家第一代祖屋左側	圖 3-56 下營區周家第一代祖屋山牆壁鎖

（資料來源：筆者拍攝，2019 年）

圖 3-57 下營區周家第二代古厝正面	圖 3-58 周家第二代古厝右山牆壁鎖

（資料來源：筆者拍攝，2019 年）

圖 3-59 下營區周家第二代古厝左山牆壁鎖	圖 3-60 周家第二代古厝左山牆壁鎖

（資料來源：筆者拍攝，2019 年）

17. 台南下營區　上帝廟右側古厝

該宅位於下營區友愛街 62 巷 38 號，該古厝係磚木建造，原古厝可能為三合院形式，現在裝置有壁鎖之建築物為左護龍（圖 3-61）。在該宅左護龍之山牆上可見到一支剪刀形和兩支∞形壁鎖（圖 3-62）。另外，較為奇特的是在左護龍之外牆上，也有裝置三支∞形壁鎖，均保存良好（圖 3-63、圖 3-64）。

圖 3-61
下營區上帝廟右側古厝護龍

圖 3-62　下營區上帝廟右側
古厝護龍外牆壁鎖一

圖 3-63　下營區上帝廟右側
古厝護龍外牆壁鎖二

圖 3-64　下營區上帝廟右側
古厝護龍外牆壁鎖三

（資料來源：筆者拍攝，2019 年）

18. 台南下營區　玄德街曾宅

該宅位於下營區玄德街 39 號，該古厝係紅磚水泥建造，並使用洗石子工法和花磚裝飾立面，外表觀看具有巴洛克風味。該宅係四棟二層樓建築物結合在一起（圖 3-65）。在該宅之左側山牆上有一支剪刀形和一支∞形壁鎖，在該宅之右側山牆上也有一支剪刀形和一支∞形壁鎖。參考許淑娟之研究指出：

「曾宅的壁鎖位於左右山牆上，各為一剪刀形及二個 S 形的壁鎖。」〔註8〕且依照傳統磚木建築結構，一側應該缺少一支 ∞ 形壁鎖（圖 3-66、圖 3-67、圖 3-68）。

圖 3-65
下營區玄德街曾宅立面

圖 3-66
玄德街曾宅右側山牆壁鎖

圖 3-67
玄德街曾宅左側山牆壁鎖

圖 3-68
玄德街曾宅剪刀形壁鎖

（資料來源：筆者拍攝，2019 年）

19. 台南下營區　文化街姜宅

該宅位於下營區文化街 122 號，該古厝係磚木建築，格局為五開間、雙護龍之四合院（圖 3-69）。在該宅之左右正身山牆上各有一支剪刀形和兩支 ∞ 形壁鎖，壁鎖保存良好（圖 3-70、圖 3-71、圖 3-72）。

20. 台南六甲區　林宅

該宅地址為六甲區七甲街 160 巷 4 號，經查原有之古厝已經被拆除，成為一片荒地，壁鎖已消失（圖 3-73、圖 3-74）。

〔註 8〕許淑娟，《文化融合下的表徵──以壁鎖為例》，頁 32。

圖 3-69
下營區文化街姜宅正面

圖 3-70
文化街姜宅左山牆剪刀形壁鎖

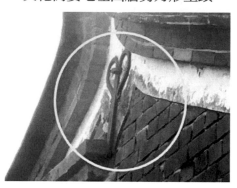

（資料來源：筆者拍攝，2019 年）

圖 3-71
文化街姜宅左側山牆壁鎖

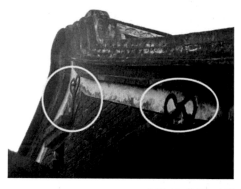

圖 3-72
文化街姜宅右側山牆壁鎖

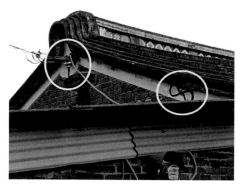

（資料來源：筆者拍攝，2019 年）

圖 3-73　六甲區原林宅現狀一

圖 3-74　六甲區原林宅現狀二

（資料來源：筆者拍攝，2019 年）

貳、溪北新營區

21. 台南柳營區　劉宅

劉宅地址原為柳營區中山西路三段 182 號，現經整編為 176 號，古厝為五開間磚木建築，僅存正身和大埕，護龍已拆除，右側之紅磚砌成之圍牆仍存在，大門用烤漆板圍住，門窗、木構件有些破損未修（圖 3-75）。劉宅正身左側山牆上，僅可查到一支 S 形壁鎖，位於烟板處（圖 3-76），右山牆之鵝頭墜部位裝有一支剪刀形壁鎖（圖 3-77），山牆之烟板設置兩支捲雲形壁鎖（圖 3-78），另在該宅之正身右側山牆之鳥踏下方，有殘存之 I 形壁鎖（圖 3-79、圖 3-80）。

22. 台南柳營區　林宅

該宅地址原為柳營區中山西路三段 158 號，經查原有之古厝因年久失修，現以烤漆板覆蓋屋頂，現址仍有人居住，壁鎖已消失（圖 3-81、圖 3-82）。

圖 3-75	圖 3-76
柳營劉宅外觀	劉宅正身左側山牆捲雲形壁鎖

圖 3-77	圖 3-78
柳營劉宅正身右側山牆壁鎖	柳營劉宅右側山牆剪刀形壁鎖

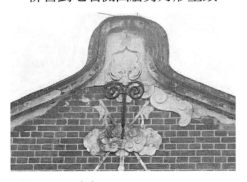

（資料來源：筆者拍攝，2019 年）

圖 3-79
劉宅正身右側山牆捲雲形壁鎖

圖 3-80
劉宅正身右側山牆 I 形壁鎖

（資料來源：筆者拍攝，2019 年）

圖 3-81　柳營區林宅正面

圖 3-82　柳營區林宅側面

（資料來源：筆者拍攝，2019 年）

23. 台南新營區　鐵線橋　通濟宮

　　通濟宮位於新營區鐵線里鐵線橋 40 號，主祀媽祖，約創設於清康熙中葉，但具體的建廟時間並不詳。建廟後歷經天災地震、日據時代的皇民化運動政策等問題，直至 1950 年方暫行落成典禮，後於民國 1959 年舉行正式的入廟大典〔註 9〕。該宮為二進三開間建築，主建築為三川殿與正殿，屋頂為硬山式（圖 3-83、圖 3-84），構架形式為疊斗式（圖 3-85）。在正殿和三川殿之左右山牆上各有兩支書卷形壁鎖壁鎖（圖 3-86、圖 3-87）。壁鎖之尾端成捲曲狀，保存良好（圖 3-88）。

〔註 9〕涂順從，《南瀛古廟誌》，臺南，臺南縣政府，1994 年，頁 182～186。

圖 3-83　通濟宮正面

圖 3-84　通濟宮硬山式廟頂

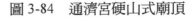

圖 3-85　通濟宮疊斗式構架

圖 3-86　通濟宮正殿右山牆壁鎖

（資料來源：筆者拍攝，2016 年）

圖 3-87　通濟宮三川殿右山牆壁鎖

圖 3-88　通濟宮右山牆書卷形壁鎖

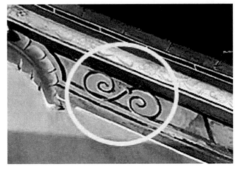

（資料來源：筆者拍攝，2019 年）

24. 台南新營區　沈祖祠

　　該宗祠地址為新營區武侯街 30 號，位於新進路二段武侯街市場內。沈氏宗祠係新營之望族「沈氏家族」於 1912 年在現武侯街所興建，名稱為「沈祖祠」（圖 3-89）。新營沈氏族人以唐初名將沈彪為始祖，沈彪至南宋理宗淳祐年間加封武德侯，使得沈武德侯成為沈氏崇祀的神祇。在台灣，新營的開基祖被

認為是沈參，沈參祖籍為福建省漳州詔安，約在乾隆十八年至臺灣，在臺經營瓦窯業，育有六子，在功名與事業及社會公益均有成就，後遂成為新營第一大家族。沈參之子孫如沈森其、沈榮、沈乃霖、沈着、沈堤元等在經濟、政治、醫學等對於社會均有傑出貢獻。〔註10〕

　　沈祖祠格局為正堂、左右護室、門廳。在正堂右山牆有一支剪刀形和兩支捲雲狀 S 形壁鎖（圖 3-90），正堂左山牆則無；門廳右側山牆有一支剪刀形和兩支捲雲形壁鎖（圖 3-91），門廳左側山牆上只剩兩支壁鎖捲雲形壁鎖（圖 3-92），右護室山牆上亦只剩兩支壁鎖捲雲狀壁鎖（圖 3-93）。右護室山牆上有一支剪刀形和兩支捲雲形壁鎖（圖 3-94、圖 3-95）。若依照六面山牆各有三支壁鎖計算，應有十八支壁鎖，但因種種因素，致有壁鎖脫落遺失，現存在建物上只有十三支，另外查訪沈氏後人有保存掉落的捲雲形壁鎖一支（圖 3-96），故沈祖祠實存十四支壁鎖。

圖 3-89　沈祖祠正堂正面　　　圖 3-90　沈祖祠正堂右側山牆壁鎖

圖 3-91　沈祖祠門廳右側山牆壁鎖　　圖 3-92　沈祖祠門廳左側山牆壁鎖

〔註10〕劉淑玲、張靜宜，〈新營的開發與沈氏宗族〉，《高苑學報》第 14 卷，高雄市：高苑科技大學，2008 年 7 月，頁 378～384。

圖 3-93
沈祖祠右護室山牆壁鎖

圖 3-94
沈祖祠左護室山牆壁鎖圖 1

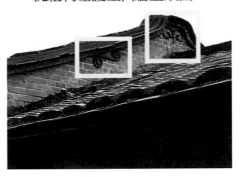

（資料來源：筆者拍攝，2019 年）

圖 3-95
沈祖祠左護室山牆壁鎖圖 2

圖 3-96
沈氏後人保存的捲雲形壁鎖

（資料來源：筆者拍攝，2019 年）

　　另外值得一提的，據沈氏後人沈月心表示，該宗祠的正堂與門廳之山牆有建造扶壁，因此，其宅之壁鎖只是裝飾功能，未與梁柱結合（圖 3-97、圖 3-98）。

圖 3-97　沈祖祠正廳山牆扶壁

圖 3-98　沈祖祠門廳左側山牆扶壁

25. 台南鹽水區　葉家八角樓

該樓位於鹽水區中山路 4 巷 1 號，八角樓因屋頂八角形而得名，該古樓創建於清道光 27 年（1847），係磚木結構建造，全屋以中國福杉及石灰石磚為主要建材，為三開間、兩層樓建築（圖 3-99）。在該樓之右側山牆上有三支壁鎖，兩支類似羊角狀的 Y 形壁鎖裝置在烟板處，另一支隱藏在鵝頭墜處泥塑下（圖 3-100、圖 3-101）。據查現在該山牆為新裝的壁鎖，舊的壁鎖拆下，共有六支，放置在一樓儲藏室，壁鎖狀況良好（圖 3-102）。

圖 3-99
葉家八角樓正面

圖 3-100
葉家八角樓右山牆及壁鎖位置

圖 3-101
葉家八角樓 Y 形壁鎖

圖 3-102
葉家八角樓拆下之舊壁鎖

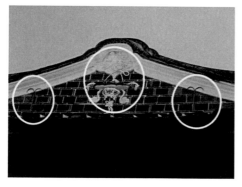

（資料來源：筆者拍攝，2019 年）

26. 台南鹽水區　楊宅

該古厝位於鹽水區中山路 5 號，係在八角樓之右側斜對面，該古厝原共有三落，係磚木結構建造兩層樓建築，現在已部分改建，第一落經營理髮店，第二落為住家，第三落關閉未使用。在該宅之右側為俗稱的「王爺巷」，在該巷

口可以觀察到該宅在第一落之右側山牆上有三支類似羊角狀的Υ形壁鎖，在第二落的右側山牆上有五支同樣的壁鎖，據屋主說明，這棟古厝和壁鎖均有整修更新過，所以不同於以前的裝置格局。（圖3-103至圖3-106）。

圖3-103
鹽水楊宅第一落山牆Υ形壁鎖

圖3-104
鹽水楊宅第二落山牆Υ形壁鎖

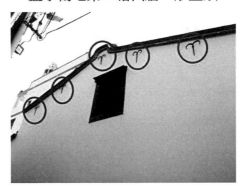

圖3-105
鹽水楊宅山牆懸魚處Υ形壁鎖

圖3-106
鹽水楊宅山牆烟板處Υ形壁鎖

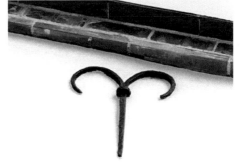

（資料來源：筆者拍攝，2019年）

27. 台南鹽水區　武廟

　　該宮廟地址為鹽水區武廟路87號，其格局為二落二殿式建築，分為三川殿和正殿，兩殿之間以廂廊相連，中有天井（圖3-107）。該廟三川殿之左右兩側山牆均有壁鎖，形狀均為平臥的S形，尾端向內捲曲（圖3-108）。左側山牆上有兩支壁鎖，在靠近廟門方向之壁鎖被磁磚遮掩，只可看到半支（圖3-109）。右側山牆上剩下一支壁鎖，原在靠近廟門方向之壁鎖被磁磚遮掩，無法辨識（圖3-110）。

圖 3-107　鹽水武廟正面

圖 3-108　鹽水武廟之 S 形壁鎖

圖 3-109　鹽水武廟左山牆之壁鎖

圖 3-110　鹽水武廟右山牆之壁鎖

（資料來源：筆者拍攝，2019 年）

28. 台南鹽水區　池宅

　　該宅位於鹽水區康樂路 145 號，該宅因年久失修，已經出售並改建，現在原址為自助餐廳（圖 3-111）。原許淑娟論文中曾探討之壁鎖均未發現〔註11〕。

圖 3-111　鹽水池宅現況

圖 3-112　鹽水橋南老街古厝側面

（資料來源：筆者拍攝，2019 年）

〔註11〕許淑娟，《文化融合下的表徵──以壁鎖為例》，頁 21～23。

29. 台南鹽水區　橋南老街古厝

　　該宅位於鹽水區康樂路與德南街交叉口，該宅年久失修，建築物已半毀
（圖 3-112、圖 3-113）。原許淑娟論文中曾經論述之壁鎖均已失落〔註12〕（圖
3-114）。

圖 3-113
鹽水橋南老街古厝正面

圖 3-114
鹽水橋南老街古厝原壁鎖位置

（資料來源：筆者拍攝，2019 年）

參、溪南與原台南市區

30. 台南新化區　蘇家古厝

　　該古厝位於新化區中正路 341 巷 31 號，該古厝為二落加護龍之三合院，
係磚木結構建築，現均有蘇家後人居住（圖 3-115）。在該宅之第一落正身左右
側山牆均各有一支Ⅰ形壁鎖和兩支 S 形壁鎖（圖 3-116 至圖 3-118），在第二落
的左右側山牆上則各有一支剪刀形和兩支 S 形壁鎖（圖 3-119、圖 3-120）。

圖 3-115
蘇家古厝正面

圖 3-116
蘇家古厝第一落正身Ⅰ形壁鎖

〔註12〕同上註。

圖 3-117　蘇家古厝第一落正身
右側山牆之Υ形壁鎖和 S 形壁鎖

圖 3-118　蘇家古厝第一落正身
左側山牆之Υ形壁鎖和 S 形壁鎖

（資料來源：筆者拍攝，2019 年）

圖 3-119　蘇家古厝第二落正身
左側山牆剪刀形壁鎖和 S 形壁鎖

圖 3-120　蘇家古厝第二落正身
左側山牆剪刀形壁鎖

（資料來源：筆者拍攝，2019 年）

31. 台南新化區　蘇家古厝　對面古厝

　　該古厝位於新化區中正路 341 巷 31 號蘇家古厝對面，為一落加護龍之三合院，係磚木結構建築，現有人居住。在該宅面對蘇家古厝之山牆鵝頭墜處有一支剪刀形的壁鎖（圖 3-121、圖 3-122），此外並無其他壁鎖，古厝與壁鎖均保存良好。

32. 台南新化區　蘇有志古厝

　　蘇有志古厝位於新化區中正路 341 巷 19 號，為三合院格局（圖 3-123），係磚木結構建築，現有人居住，桁檁木架採穿斗式穿斗式構架（圖 3-124）。屋頂重修僅使用烤漆浪板覆蓋，並未依照傳統工法與材料整修。在該宅之正身左右側山牆均各有一支Υ形壁鎖和兩支 S 形壁鎖（圖 3-125、圖 3-126）。

圖 3-121　蘇家古厝對面古厝
山牆之剪刀形壁鎖

圖 3-122　蘇家古厝對面古厝
山牆之剪刀形壁鎖放大圖

（資料來源：筆者拍攝，2019 年）

圖 3-123
蘇有志古厝正面

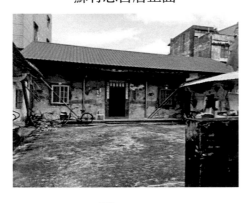

圖 3-124
蘇有志古厝之穿斗式穿斗式構架

圖 3-125
蘇有志古厝正身山牆之 S 形壁鎖

圖 3-126
蘇有志古厝正身山牆之 T 形壁鎖

（資料來源：筆者拍攝，2019 年）

33. 台南新化區　鍾家古厝

該古厝位於新化區中正路中山路 258 巷 3 號，為五開間之三合院格局，係磚木結構建築，現無人居住，屋況破損多處，正待整修（圖 3-127）。在該宅之正身右側山牆有一支剪刀形和兩支 S 形壁鎖（圖 3-128）。剪刀形壁鎖位於鵝頭墜處，尾端被泥塑祥雲包覆（圖 3-129），另有兩支 S 形壁鎖嵌入烟板中（圖 3-130）。該宅之壁鎖尺寸較其他新化其他古厝之壁鎖龐大。

圖 3-127　鍾家古厝正廳正面　　　圖 3-128　鍾家古厝正身山牆壁鎖

圖 3-129　　　　　　　　圖 3-130
鍾家古厝剪刀形壁鎖放大圖　　鍾家古厝 S 形壁鎖放大圖

（資料來源：筆者拍攝，2019 年）

34. 台南安平區　安平古堡（熱蘭遮城）

熱蘭遮城地址為安平區國勝路 82 號，熱蘭遮城係荷蘭人占領台灣時建築，創建時間為明天啟四年（1624），初名奧倫治城。荷蘭人撤退後，鄭成功將一鯤身改為安平，該城亦改臺灣城或王城，俗稱安平古堡。該城堡歷經荷據、明鄭、清朝、日據至今已近四百年，現只剩外城數段殘牆（圖 3-131），牆上留下 T 形壁鎖之痕跡（圖 3-132）。〔註13〕「熱蘭遮城博物館」內有展示壁鎖

〔註13〕何培夫，〈臺灣城殘蹟〉，《臺南市古蹟導覽》，臺南市：臺南市政府，1995 年，頁 15。

實物（圖 3-133），並附有說明牌說明：「鐵剪刀是荷蘭人傳入的建築構件，正式名稱為壁鎖。」（圖 3-134）。

圖 3-131
安平古堡殘牆古蹟

圖 3-132
安平古堡Ｔ形壁鎖痕跡

圖 3-133
熱蘭遮城博物館內壁鎖

圖 3-134
熱蘭遮城博物館內壁鎖說明牌

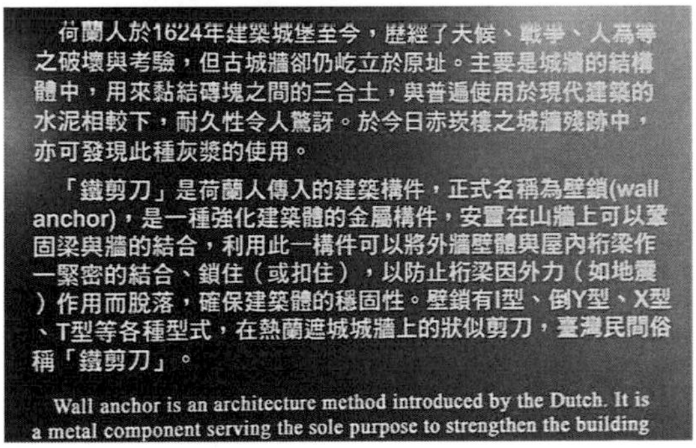

荷蘭人於1624年建築城堡至今，歷經了天候、戰爭、人為等之破壞與考驗，但古城牆卻仍屹立於原址。主要是城牆的結構體中，用來黏結磚塊之間的三合土，與普遍使用於現代建築的水泥相較下，耐久性令人驚訝。於今日赤崁樓之城牆殘跡中，亦可發現此種灰漿的使用。

「鐵剪刀」是荷蘭人傳入的建築構件，正式名稱為壁鎖(wall anchor)，是一種強化建築體的金屬構件，安置在山牆上可以鞏固梁與牆的結合，利用此一構件可以將外牆壁體與屋內桁梁作一緊密的結合、鎖住（或扣住），以防止桁梁因外力（如地震）作用而脫落，確保建築體的穩固性。壁鎖有I型、倒Y型、X型、T型等各種型式，在熱蘭遮城城牆上的狀似剪刀，臺灣民間俗稱「鐵剪刀」。

Wall anchor is an architecture method introduced by the Dutch. It is a metal component serving the sole purpose to strengthen the building

（資料來源：筆者拍攝，2019 年）

35. 台南安平區　海山館

位於臺南市安平區效忠街 52 巷 7 號，海山館原為清朝時大陸官兵派駐台灣時之會館，又兼有大陸官兵祭祀原鄉神明之宮廟性質。海山館座西朝東，四周繞以白牆（圖 3-135）。海山館主要由二幢建築物所組成，分別是北側的三合院與南側的單伸手。〔註 14〕正廳右邊山牆上有一支剪刀形壁鎖藏在獅頭形鵝頭墜內（圖 3-136、圖 3-137），另有兩支 S 形壁鎖位於烟板上（圖 3-138），壁鎖為鐵鏽色，保存良好。

〔註 14〕吳子京，《台南安平海山館的歷史人文與藝術》，台南：成大藝研所碩士論文，
　　　　2002 年，頁 12、21～22。

圖 3-135　海山館入口

圖 3-136
海山館正廳右邊山牆及壁鎖

圖 3-137
海山館山牆鵝頭墜內剪刀形壁鎖

圖 3-138
海山館正廳右邊山牆 S 形壁鎖

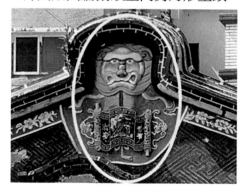

（資料來源：筆者拍攝，2019 年）

36. 台南安平區　照興蜜餞行

　　該宅位於臺南安平區延平街 82 號，現在已經拆除舊宅重建為三層樓西式樓房（圖 3-139），原位於其古厝左邊山牆之 Υ 形和 ∞ 型壁鎖，拆下後重新裝置於其二樓左邊牆壁上，已無建築結構功能（圖 3-140），壁鎖為鐵鏽色，保存良好。

37. 台南市北區　西華堂

　　位於北區北忠街 92 號，創建於乾隆十五年（1750），是齋教金幢派中翁永峰支派下之齋堂，主祀三寶佛。西華堂為磚木建築，桁檁構架為抬樑式，建築格式為二殿三廂的三合院式建築，中間正殿為三開間，與後殿相連（圖 3-141、圖 3-142）。正殿兩側為廂房，正殿與兩廂房並未相連。西華堂在其正殿之左右側山牆均有壁鎖，壁鎖形狀為 S 形，左右山牆上一邊各有四支，被油漆覆蓋，保存良好（圖 3-143、圖 3-144）。西華堂的壁鎖造型，和一般的書卷形壁鎖不

太相同，其為兩排水平排列，其壁鎖之首尾兩端均做成蜷曲狀，狀似台灣古建築的裝飾樣式——書卷圖〔註15〕（圖3-145、圖3-146）。

圖 3-139
照興蜜餞行正面

圖 3-140
照興蜜餞行山牆丅形和∞型壁鎖

（資料來源：筆者拍攝，2019年）

圖 3-141　西華堂正殿與後殿

圖 3-142　西華堂正殿正面

（資料來源：筆者拍攝，2015年）　（資料來源：筆者拍攝，2019年）

圖 3-143
西華堂正殿右側山牆書卷形壁鎖

圖 3-144
西華堂正殿左側山牆書卷形壁鎖

〔註15〕康鍩錫，《台灣古建築裝飾圖鑑》，臺北：貓頭鷹出版，2012年，頁99。

<table>
<tr><td>圖 3-145
西華堂書卷形壁鎖尾端捲曲</td><td>圖 3-146
西華堂正殿山牆之書卷裝飾</td></tr>
</table>

（資料來源：筆者拍攝，2019 年）

38. 台南北區　興濟宮

興濟宮位於北區成功路 86 號，創建於明永曆年間（1647～1683），[註16]
俗稱大道公廟，主祀保生大帝，與大觀音亭相鄰，目前兩廟間還保留當時前來
祭祀的官民們更衣休憩的「官廳」，兩座廟宇以八角門互相連通。興濟宮為三
進三殿式格局，桁檁大木架為擱檁式（圖 3-147）。興濟宮在正殿之左右側山牆
均有壁鎖，壁鎖形狀為 S 形，左右山牆上各有二支（圖 3-148）。壁鎖有上漆，
保存良好（圖 3-149、圖 3-150）。

<table>
<tr><td>圖 3-147
興濟宮擱檁式大木架構</td><td>圖 3-148
興濟宮正殿左山牆壁鎖</td></tr>
</table>

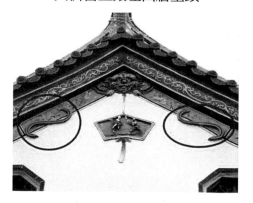

〔註16〕何培夫，《臺南市古蹟導覽》，1995 年，頁 71。

<table>
<tr><td>圖 3-149
興濟宮正殿右山牆壁鎖</td><td>圖 3-150
興濟宮上漆的 S 形壁鎖</td></tr>
</table>

（資料來源：筆者拍攝，2019 年）

39. 台南孔廟

　　台南孔廟位於中西區南門路 2 號，建於明鄭永曆十九年（1665），是臺灣第一座孔廟。清領初期是全臺童生唯一入學之所，因此稱「全臺首學」。孔廟大成殿是孔廟最重要的建築物，採用歇山重簷屋頂，康熙五十八年（1719），巡道梁文煊修正殿（李日埕記）。〔註17〕孔廟之壁鎖裝置於大成殿之左右山牆上，均為 S 形，保存良好（圖 3-151、圖 3-152）。2016 年 2 月 6 日台南地震，孔廟受災影響，因此於 2018 年 6 月 27 日至 2019 年 12 月 18 日實施災害修建工程，大成殿山牆之油漆刮除，得以見到兩側書卷形壁鎖的原色（圖 3-153、圖 3-154）。

<table>
<tr><td>圖 3-151
台南孔廟大成殿右側山牆壁鎖</td><td>圖 3-152
台南孔廟大成殿右側山牆壁鎖</td></tr>
</table>

〔註17〕臺灣銀行經濟研究室編，《福建通志臺灣府》，《臺灣文獻叢刊》第 84 種，臺北：臺灣銀行經濟研究室，1960 年。

圖 3-153
孔廟大成殿左側山牆壁鎖

圖 3-154
孔廟大成殿左側山牆壁鎖

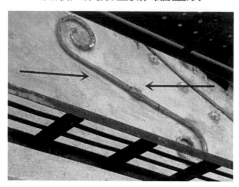

（資料來源：筆者拍攝，2019 年）

40. 台南祀典武廟

位於中西區永福路二段 229 號，始建於明永曆年間（1647～1683）〔註 18〕，祀典武廟又稱關帝廟，為台灣唯一列入官方祀典的武廟。廟分三進：分為前殿、拜殿、正殿及後殿，從外觀之，祀典武廟最獨特的是長達 66 公尺的朱紅山牆，分別建造成五種不同的屋頂形式：山川殿為「燕尾」、初拜殿為「硬山馬背脊」、拜殿為「捲棚歇山頂」、正殿是「歇山重簷式」及後殿做「硬山燕尾脊頂」，形成高低起伏的曲線，並凸顯出各殿地位之高低。武廟之壁鎖裝置於正殿的左右山牆上，各有一個 X 形壁鎖和兩個 S 形壁鎖，保存良好（圖 3-155 至圖 3-158）。〔註 19〕

圖 3-155
祀典武廟正殿左側山牆壁鎖

圖 3-156
祀典武廟正殿左側山牆壁鎖

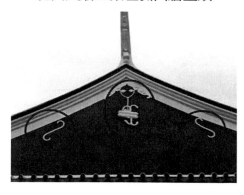
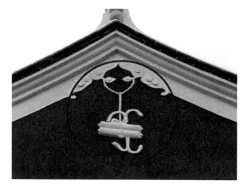

〔註 18〕何培夫，《臺南市古蹟導覽》，台南：臺南市政府，1995 年，頁 12。
〔註 19〕康鍩錫，《台灣廟宇深度導覽圖鑑》，臺北：貓頭鷹出版，2014 年，頁 207～209。

圖 3-157
祀典武廟正殿右側山牆壁鎖

圖 3-158
祀典武廟正殿右側山牆壁鎖

（資料來源：筆者拍攝，2019 年）

41. 台南水仙宮

台南水仙宮位於中西區神農街 1 號，創建於清康熙 54 年（1715），為臺灣地區最早興建的水仙宮，水仙宮坐東朝西，廟址所在過去是臺灣府城五條港之一的南勢港，是三郊的總部所在地，祀拜的主神為大禹王，配祀的是羿王、楚王（項羽）、伍大夫（伍子胥）、屈大夫（屈原）等五位，俗稱「一帝二王二大夫」[註20]。該廟原為三進大廟，後於日治時期日人拆除水仙宮中、後二殿為防空用地，僅存三川殿。目前水仙宮建築格局為光復後修建，三川殿與正殿相連接，成為單殿單進、開三門的建築形式（圖 3-159），桁檁採擱檁式做法，直接插置於山牆上（圖 3-160）。

圖 3-159 水仙宮正門

圖 3-160 水仙宮三川殿桁檁

（資料來源：筆者拍攝，2019 年）

[註20] 臺灣大學圖書館特藏組，《水仙宮清界勒石記》，《國立臺灣大學深化臺灣研究核心典藏數位化計畫：臺灣古拓碑》00026，台北：台灣大學。

　　水仙宮之壁鎖裝置於三川殿的左右山牆上，烟板上有一個各有一個剪刀形壁鎖和一個 S 形壁鎖，另在鳥踏下方又裝置一個剪刀形壁鎖，可能是依照建築結構之目的考量，所以才有如此之編排方式，兩側共有六個壁鎖，保存良好（圖 3-161、圖 3-162）。

圖 3-161
水仙宮三川殿右邊山牆壁鎖

圖 3-162
水仙宮三川殿左邊山牆壁鎖

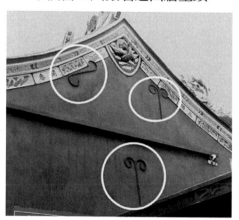 

（資料來源：筆者拍攝，2019 年）

42. 台南民族路　陳世興宅

　　台南陳世興宅位於中西區民族路二段 317 巷 46 號，該古厝的具體創建年代不甚清楚，據傅朝卿教授的推論，約在康熙五十八年（1719）左右〔註21〕。

　　「陳世興」並非人名，而是陳家清初的墾號，「陳世興」的開基祖為明末時陳登昌，於康熙年間隨鄭成功部隊渡海來台南。之後只有其長孫陳奇策留下未回中國大陸，繼續在臺發展，陳世興宅也是由陳奇策建築。該宅曾獲選為臺南市歷史建築十景之一，台南市政府於 2015 年依「文化資產保存法」將陳世興宅指定為市定古蹟。陳世興宅雖然被列古蹟，但因為屋齡久遠，毀損嚴重，不堪居住，其後代子孫曾有出售古厝之舉，後終於由台南市政府爭取補助，並於 2019 年 7 月 30 日啟動「陳世興宅」修復工程，修復工期共 540 日，預計在 2021 年 1 月竣工（圖 3-163、圖 3-164）。

　　陳世興宅建築占地超過 350 坪，古厝之左右山牆裝置壁鎖，其數量可謂目前本研究發現單一樣本中最多者，造型有 S 形、I 形、X 形等，一側有 8 支，

〔註21〕傅朝卿，《台南市古蹟與歷史建築總覽》，台南：台灣建築與文化資產出版社，2001 年，頁 169。

另一側因施工故未知，鐵件缺乏維護，生鏽嚴重，有脫落之虞（圖 3-165 至圖 3-168）。

圖 3-163
陳世興宅正門門額

圖 3-164
陳世興宅維修鷹架與 6 支壁鎖

圖 3-165　陳世興宅 T 形壁鎖

圖 3-166　陳世興宅 X 形壁鎖

圖 3-167
陳世興宅 S 形壁鎖

圖 3-168
陳宅用鐵線和木棍固定 S 形壁鎖

（資料來源：筆者拍攝，2019 年）

43. 台南信義街　黃宅

台南黃宅於中西區信義街 46 巷 13 號 15 號 17 號，共有三個門號連在一起。黃宅的具體創建年代不詳，從外面觀察，黃宅形似巴洛克建築，13 號與 17 號均封閉不用，出入由 15 號正門，該宅內外多處損壞，缺乏修繕，院內飼養狗與鴿子，雜草蔓藤叢生（圖 3-169、圖 3-170）。

經由屋主帶領進入黃宅拍攝壁鎖，該宅佔地頗大，可以想見屋主當年的財力。其壁鎖位於古厝之第二落左右山牆上面，裝置之壁鎖中間為一支 T 形、另兩側為兩支 S 形，另一側無法勘查，鐵件保存良好（圖 3-171、圖 3-172）。

| 圖 3-169 | 圖 3-170 |

圖 3-169
信義街黃宅 15 號正門

圖 3-170
信義街黃宅 17 號側門

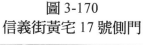

圖 3-171
黃宅右側山牆之三個壁鎖

圖 3-172
黃宅右側山牆 T 形壁鎖

（資料來源：筆者拍攝，2019 年）

44. 台南天壇後　民宅

該宅位於台南中西區民生路一段 22 巷 8 號，位於天壇和「鶯日本料理」之間，該建築物為兩層樓，可從「鶯日本料理」進入，至該店之後側庭院即可

觀察到該民宅之山牆上之壁鎖。該宅之正門面對天壇,後面正對「鶯料理」之後院,該宅之壁鎖造型均為 I 形,正面山牆之壁鎖共有三支,後面山牆之壁鎖只剩下一支,鐵件保存不甚良好(圖 3-173、圖 3-174)。

圖 3-173
天壇後民宅正面山牆 I 形壁鎖

圖 3-174
天壇後民宅後面山牆 I 形壁鎖

(資料來源:筆者拍攝,2019 年)

45. 台南和平街與中西區西門路二段 225 巷 28 號張宅

該宅屋主姓章,位於和平街 19 號之地段,在看西街長老教會旁,經筆者實地查訪,該地址已拆除改建護理之家大樓,亦不見壁鎖(圖 3-175、圖 3-176)。

但筆者另外查訪中西區西門路二段 225 巷 28 號,該古屋之左山牆及壁鎖式樣(圖 3-177、圖 3-178)與許淑娟碩論之圖 2-111 至圖 2-113 幾乎完全相同(圖 3-179、圖 3-180)。〔註 22〕

圖 3-175
和平街原張宅目前正面

圖 3-176
和平街原張宅目前左面

(資料來源:筆者拍攝,2019 年)

〔註 22〕許淑娟,《文化融合下的表徵——以壁鎖為例》,頁 58～59。

圖 3-177
西門路二段 225 巷 28 號張宅

圖 3-178
西門路二段 225 巷 28 號張宅壁鎖

（資料來源：筆者拍攝，2019 年）

圖 3-179
許淑娟論文　和平街張宅山牆

圖 3-180　許淑娟論文
和平街張宅壁鎖

（資料來源：許淑娟，《文化融合下的表徵──以壁鎖為例》，頁 58～59，2011 年）

　　對於張宅之狀況，推測可能是位於和平街 19 號的建築物拆掉重蓋，但卻保留後落古厝，並又申請一個門牌即為中西區西門路二段 225 巷 28 號。張宅只能看到左側山牆，壁鎖設置在鵝頭墜處有剪刀形一支，很奇特的是刀尖的部分捲起，為獨特樣本。另外在烟板處，有 S 形壁鎖左右各二支。在山牆牆面上又分布 I 形壁鎖共 6 支。總數共 11 支（圖 3-181 至圖 3-186）。

　　46. 台南大仁街　蔡宅

　　該宅位於台南中西區大仁街 56 號，蔡宅為兩棟傳統街屋，分屬兩兄弟，現均有人居住，屋況良好。據屋主表示兩棟之山牆原來均有壁鎖，但查訪時只能看到左側山牆上之壁鎖。觀察該屋左側山牆，顯非清代建築形式，未置鳥踏，且又開窗，其窗戶形式應為近代風格，亦可推測該屋之建造年代不久，否

則，即為修建過。該宅之壁鎖造型為一支剪刀形和兩支 S 形，鐵件保存良好。
（圖 3-187、圖 3-188）。

圖 3-181　西門路張宅 11 支壁鎖　　圖 3-182　西門路張宅左山牆壁鎖

（資料來源：筆者拍攝，2019 年）

圖 3-183　西門路張宅長 I 形壁鎖　　圖 3-184　西門路張宅短 I 形壁鎖

（資料來源：筆者拍攝，2019 年）

圖 3-185
西門路張宅 S 形壁鎖

圖 3-186
西門路張宅特殊的剪刀形壁鎖

（資料來源：筆者拍攝，2019 年）

圖 3-187　大仁街蔡宅左側山牆　　圖 3-188　大仁街蔡宅左側山牆壁鎖

（資料來源：筆者拍攝，2019 年）

47. 台南大天后宮

　　該廟宇位於台南中西區永福路二段 227 巷 18 號，臺南大天后宮係為明寧靖王朱術桂府邸，寧靖王，名術桂，字天球，由於別號「一元子」，故府邸又稱為「一元子園亭」。溯其歷史乃從明永曆十五年（1661）鄭成功取臺灣，寧靖王遂於永曆十七年（1663）攜眷渡台，在大天后宮現址興建寧靖王府邸，即為現今大天后宮之前身。寧靖王殉難之前，將一元子園捐出改為佛庵。

　　康熙二十三年（1684），靖海將軍侯施琅平臺，因其認為乃為媽祖庇佑，故將寧靖王府改建為天妃宮，且於同年奏請清帝誥封媽祖為天妃，康熙帝准奏且加封媽祖為「護國庇民妙靈昭應弘仁普濟天后」，此後天妃宮即改稱為「天后廟」。康熙五十九年（1720），康熙帝再准冊封使之議，將天后廟列入春秋致祭編入祀典。此為「大天后宮」後稱為「祀典大天后宮」的源由，此為臺灣唯一被列入官方春秋兩祭的祀典天后宮。〔註23〕

　　大天后宮建築格局為面寬三開間的四殿兩廊式，其配置循主軸線依序是三川門、拜殿、正殿與後殿；另外，其右側建築物的軸線上，依序則為門廳、三寶殿與觀音殿。

　　經查訪該宮廟壁鎖現狀，在該宮左側山牆鳥踏下可見到一支剪刀形壁鎖，與山牆之赭紅色油漆同色，保存狀況良好（圖 3-189、圖 3-190）。另外，在同側正殿山牆之鵝頭墜和烟板處有三支壁鎖（圖 3-191）：在鵝頭墜處為一支剪刀形壁鎖，被匠師以泥塑「倒趴獅銜如意螭虎圖」包覆（圖 3-192），同側正殿山

〔註23〕何培夫，《臺南市古蹟導覽》，頁 21～22；張嘉鎂，《台南大天后宮的石刻與彩繪裝飾研究》，新北市：國立臺灣藝術大學造形藝術研究所碩士論文，2008 年，頁 47～48；毛紹周，《臺南大天后宮的歷史與場域之研究》，嘉義縣：南華大學環境與藝術研究所碩論，2011 年，頁 21～22。

牆之烟板處則各置一支如意捲雲 S 形壁鎖（圖 3-193）。再查該宮右側，因其右側另建造門廳、三寶殿與觀音殿，與左側形式不同，進入右側建物與正殿之夾縫中，在鳥踏下方可見到一支剪刀形壁鎖（圖 3-194），觀察正殿右側山牆部分，不知何故並無壁鎖？（圖 3-195、圖 3-196），尚待研究。該宮之壁鎖狀況均良好。

圖 3-189
大天后宮左側山牆剪刀形壁鎖

圖 3-190
大天后宮左側山牆剪刀形壁鎖

圖 3-191
大天后宮正殿左側山牆三支壁鎖

圖 3-192　大天后宮正殿左側
山牆鵝頭墜剪刀形壁鎖

圖 3-193　大天后宮正殿左側
山牆鵝頭墜 S 形壁鎖

圖 3-194　大天后宮正殿右側
山牆剪刀形壁鎖

圖 3-195
大天后宮正殿右側山牆

圖 3-196
大天后宮正殿右側山牆

（資料來源：筆者拍攝，2019 年）

48. 台南永福路　伍宅

該宅位於台南中西區永福路二段 158 巷 19 號，伍宅位於巷弄內，為兩樓傳統磚木造建築，外牆與門窗均有破損，未加整修。左右側山牆上均有壁鎖，左右側各有四支，該宅之壁鎖均 I 形，鐵件鏽蝕，保存不甚良好（圖 3-197、圖 3-198）。

圖 3-197
永福路伍宅右面山牆 I 形壁鎖

圖 3-198
永福路伍宅左面山牆 I 形壁鎖

（資料來源：筆者拍攝，2019 年）

49. 台南普濟街　郭宅

該宅位於台南中西區普濟街 21 號，普濟街為傳統市場型態，商店對面而立，中間只留機車可以通行之通道，上面搭建遮雨棚，中午之後，商家即休息。陽光不易照入巷內，商店多為兩樓傳統磚木造建築。郭宅只在右側山牆上看到壁鎖一支，該宅之壁鎖為 S 形，鐵件保存良好（圖 3-199、圖 3-200）。

圖 3-199
普濟街郭宅正面

圖 3-200
普濟街郭宅右面山牆 S 形壁鎖

（資料來源：筆者拍攝，2019 年）

50. 台南中西區　信義街 69 號林家古厝

該老屋係本研究新發現的壁鎖樣本。老屋處於中西區兌悅門附近，據當地人雜貨店陳先生敘述，原主人姓林，從事布匹買賣。現該屋已賣給他人重新整修三年，尚未完工。

山牆上的壁鎖，原有羊角形與 I 字型兩種形式（圖 3-201），鵝頭墜處的羊角形比一般壁鎖的長度短（圖 3-202）。左邊原有羊角形與 I 字型壁鎖因處在防火巷中，未加以整修，因此保存在原處（圖 3-203）。該宅因整修關係，右邊山牆原有的 I 形壁鎖被水泥覆蓋，只剩羊角形壁鎖（圖 3-204）。

圖 3-201
林宅右山牆原有三支壁鎖

圖 3-202
林宅山牆短羊角形壁鎖

（資料來源：筆者拍攝，2019 年）

圖 3-203　林宅左山牆 I 字型壁鎖　　　圖 3-204　林宅右山牆現存壁鎖

第三節　屏東縣之田調紀錄與探討

51. 屏東縣九如鄉　龔家古厝

龔家古厝地址為耆老村豐田街 28 號，古厝為傳統閩南三合院建築，為「七包三」二進式雙護龍格局，屋頂均為「馬背式」（圖 3-205）。中軸線左右均衡配置，磚木建築結構，桁檁構架採擱檁式屋架（圖 3-206）。正廳為三開間，奉祀觀世音菩薩；第二落正身為七開間格局，祭祀龔家祖先牌位。

龔家古厝之壁鎖設置於正廳左右側山牆上，山牆之鵝頭墜部位分別各裝置一支剪刀形壁鎖以及四支 S 形壁鎖（圖 3-207）。

右側山牆上之剪刀形壁鎖，被鵝頭墜之蝙蝠和螭虎造型的泥塑圖樣覆蓋，只在泥塑脫落處露出壁鎖鐵件（圖 3-208），另外在烟板處有兩支 S 形橫式壁鎖（圖 3-209），烟板下方鳥踏上方也有二支 S 形直立式壁鎖（圖 3-210）。

圖 3-205　　　　　　　　　　　圖 3-206
九如龔家古厝外觀　　　　　九如龔家古厝正廳擱檁式屋架

（資料來源：筆者拍攝，2019 年）

圖 3-207
九如龔家古厝右側山牆壁鎖

圖 3-208
九如龔家右側山牆剪刀形壁鎖

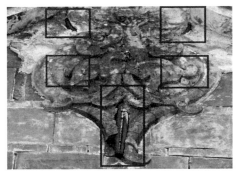

圖 3-209
龔家古厝右山牆橫式 S 形壁鎖

圖 3-210
龔家古厝右山牆直立式 S 形壁鎖

　　左側山牆上之剪刀形壁鎖並無裝飾物覆蓋，可以完全觀察其造型（圖 3-211），在烟板處也有兩支 S 形橫式壁鎖，烟板下方也有二支 S 形直立式壁鎖，其造型與右側山牆之 S 形壁鎖相同，壁鎖均保存良好（圖 3-212）。

圖 3-211
龔家古厝左山牆剪刀形壁鎖

圖 3-212
龔家古厝左山牆橫式 S 形壁鎖

（資料來源：筆者拍攝，2019 年）

52. 屏東縣里港鎮永樂路　文富餛飩老店停車場旁民宅

　　依據許淑娟碩論，該宅地址為屏東縣里港鎮永樂路 8 號停車場旁〔註24〕，經查並未發現附近有古厝，且附近建築多處改為石綿瓦屋頂，均未發現壁鎖（圖 3-213、圖 3-214）。

<table>
<tr><td>圖 3-213
永樂路 8 號文富餛飩老店停車場</td><td>圖 3-214
永樂路 8 號停車場旁民宅</td></tr>
</table>

（資料來源：筆者拍攝，2019 年）

53. 屏東縣東港鎮福德街 1 號民宅

　　依許淑娟碩論，該宅地址為屏東縣東港鎮福德街 1 號〔註25〕，經查該宅已經拆除，現正改建中，該宅之壁鎖未發現（圖 3-215、圖 3-216）。

<table>
<tr><td>圖 3-215
東港鎮福德街 1 號民宅</td><td>圖 3-216
東港鎮福德街 1 號民宅改建中</td></tr>
</table>

（資料來源：筆者拍攝，2019 年）

〔註24〕許淑娟，《文化融合下的表徵──以壁鎖為例》，頁 74。
〔註25〕同上註，頁 72。

54. 屏東縣東港鎮延平路　林宅

　　林宅位於東港鎮延平路 85 號，延平街為東港最早的街市，有東港第一街之稱，該街仍有許多年代較久的老屋，有閩南式古厝、街屋、仿巴洛克式建築以及日式建築。林宅為日據時期二層樓建築，立面為西式建築，屋頂為兩坡式，兼用磚木與水泥（圖 3-217、圖 3-218）。

圖 3-217　東港鎮延平路林宅正面　　圖 3-218　東港鎮延平路林宅側面

（資料來源：筆者拍攝，2019 年）

　　林宅原來設計之屋頂從右側觀察只剩用鐵皮包覆的部分山尖。壁鎖設置於該屋右側山牆上（圖 3-219），在鵝頭墜部位裝置一支剪刀形壁鎖（圖 3-220），在後規帶下有二支 S 形壁鎖（圖 3-221），在前規帶下可看到半截壁鎖（圖 3-222），應是該宅在整修房屋時被建材覆蓋。依林宅之建築風格及建材推測，應為日據後建築，其為西式建築而竟裝置壁鎖，應與屋主之個人經驗與學識有關。林宅位在目前台灣壁鎖發現地點最南方，且其建造年代應是最接近現代的樣本，在建築與歷史上均有其值得探討的地方，留待後續研究。

圖 3-219
延平路林宅山牆上之壁鎖

圖 3-220
延平路林宅右山牆剪刀形壁鎖

圖 3-221
延平路林宅右山牆 S 形壁鎖

圖 3-222
延平路林宅右山牆半截 S 形壁鎖

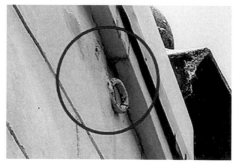

（資料來源：筆者拍攝，2019 年）

第四節　彰雲嘉之田調紀錄與探討

55. 彰化縣鹿港鎮興安宮旁民宅

位於彰化縣鹿港鎮興化巷 64 號，此壁鎖之造型為倒 Y 型（圖 3-223），依照第二章前文所論述，壁鎖有「鐵剪刀」之民俗信仰意涵，剪刀尖端向天，造型意思是「一剪天」，表達意涵是剪除諸煞〔註 26〕。

圖 3-223
原位於興安宮右側民宅之壁鎖

圖 3-224
鹿港興安宮與右側民宅

（資料來源：島上旅行 Jimmy Island）
〔註 27〕

（資料來源：筆者拍攝，2019 年）

查閱目前國內所發現之壁鎖樣本，剪刀形壁鎖之刀柄在下，刀尖朝上，此種造型之壁鎖是孤例，許淑娟在 2011 之研究結果中，尚可看見其照片〔註 28〕，

〔註 26〕王佑洲，《剪刀鏡符之研究》，頁 4～5。
〔註 27〕鹿港｜興安宮・山櫻花@島上旅行・Jimmy Island 痞客邦，2011 年 5 月 14 日。
〔註 28〕許淑娟，《文化融合下的表徵——以壁鎖為例》，頁 17。

但卻在 2014 年消失。這座鐵剪刀形壁鎖長約一公尺、寬約八十公分，是鹿港鎮內唯一的鐵剪刀，深具歷史文化價值。究竟是被竊或者因腐朽掉落而被撿走？不得而知[註29]（圖 3-224）。

56. 雲林縣三山國王廟

該廟地址為雲林縣大埤鄉大德村新街 20 號，又稱太和街三山國王廟。係位於雲林縣農村中之一座客家族群信奉的宮廟，廟中祭祀主神為三山國王。該廟建築為三開間三殿式格局，分別為三川殿、正殿、後殿（圖 3-225），桁檁構架為抬樑式（圖 3-226）。該廟之正殿山牆各有兩支壁鎖，位於鳥踏上方，壁鎖之造型為Ⴌ形，壁鎖呈現綠色，應該是重新油漆過，顯得非常突出（圖 3-227、圖 3-228）。

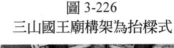

圖 3-225	圖 3-226
雲林縣大埤鄉三山國王廟正面	三山國王廟構架為抬樑式

圖 3-227	圖 3-228
三山國王廟位於鳥踏上的壁鎖	三山國王廟剪刀形壁鎖

（資料來源：筆者拍攝，2019 年）

[註29] ETtoday 新聞雲：《超過百年歷史荷蘭風文物鹿港唯一「鐵剪刀」不見了》，2014年 6 月 22 日。

57. 嘉義縣布袋鎮武魁莊宅

布袋鎮武魁莊宅位於樹林里樹林頭 8 號，莊宅現址為布袋鎮郊，其開創祖
先莊人樸以武舉人從福建至該地創業，逐步成為地方首領，並打造基業。該宅
原建築為兩落雙護龍，以磚牆為起大埕之三合院格局，現今第一落左護龍已拆
毀，宅院牆外有旗杆座一副，前磚砌大門圍牆半毀（圖 3-229、圖 3-230）。該
宅位於右側山牆鵝頭墜處有一支壁鎖，造型為 Ʊ 形，壁鎖呈現鐵鏽色，保存尚
完好，該建築物仍有人居住（圖 3-231、圖 3-232）。

圖 3-229　　　　　　　　　　　圖 3-230
布袋鎮武魁莊宅正面　　　　布袋鎮武魁莊宅旗杆座

圖 3-231　莊宅右山牆鵝頭墜壁鎖　　　圖 3-232　莊宅 Ʊ 形壁鎖

（資料來源：筆者拍攝，2019 年）

58. 嘉義縣朴子配天宮

該廟宇位於嘉義縣朴子市開元路 118 號，朴子配天宮之壁鎖係本研究發
現，在之前有關壁鎖之學術論文文獻，未曾提到配天宮有壁鎖，因筆者係朴子

居民，得以地利之便觀察之。朴子之地名原非「朴子」，據張君豪研究指出：

朴子在明末清初之際，此地為牛稠溪（今朴子溪）的出海口，所以
當時名為「猴樹港」，在進入清治時代後，由於整個台灣西南海岸向
西移動，所以猴樹港不再瀕臨海岸，所以居民稱她為「樸仔腳」、「朴
仔腳」，這名稱至今仍在老一輩口中不時出現著，而「朴子」這個名
稱是在 1920 年（大正 9 年）後，因日本政府調整台灣的地名及管轄
區域才出現的〔註30〕。

由上述文獻得知朴子在明末清初時也是個港口，至於配天宮之建造日期
為康熙 26 年（1687）〔註31〕，該廟為三進帶配殿與鐘鼓樓格局，桁檁構架為
抬樑式（圖 3-233、圖 3-234），建築單元之配置為山川門、前天井、前廂廊、
正殿、後天井、後廂廊、後殿，正面為三開間，左右另外還有鐘鼓樓以及配
殿〔註32〕。

圖 3-233
朴子配天宮正面

圖 3-234
朴子配天宮抬樑式桁檁構架

（資料來源：筆者拍攝，2019 年）　　　（資料來源：筆者拍攝，2016 年）

配天宮位於正殿左右山牆兩側共有二支壁鎖，壁鎖位於烟板下方（圖 3-
235、圖 3-236），形狀為台灣僅見的尖錐形。

該廟壁鎖本已呈現鐵鏽色，因為經該廟整修過，保存完好，此為本研究在
本研究領域發現之壁鎖，筆者於 2014 年至 2019 年每年均會前往配天宮參訪
紀錄，配合本研究將近年拍攝的壁鎖整理記錄，圖 3-237 為筆者 2016 年拍攝

〔註30〕 張君豪，《朴子——一個近海街市的歷史變遷》，桃園：中央大學歷史所碩士論
文，2002 年，頁 2。
〔註31〕 閻亞寧、王明蓀、陳昶良，《嘉義縣縣定古蹟朴子配天宮調查研究》，委託單
位：朴子配天宮董事會，台北：中國技術學院，2005 年，頁 14。
〔註32〕 同上註，頁 69～70。

的配天宮右側山牆尖錐形壁鎖，圖 3-238 則為筆者 2019 年拍攝的配天宮右側
山牆尖錐形壁鎖。

圖 3-235
朴子配天宮左側山牆之壁鎖

圖 3-236
朴子配天宮右側山牆之壁鎖

（資料來源：筆者拍攝，2019 年）

圖 3-237
朴子配天宮右側山牆尖錐形壁鎖

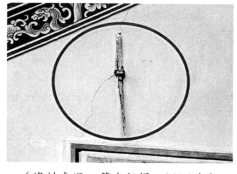

（資料來源：筆者拍攝，2016 年）

圖 3-238
朴子配天宮右側山牆尖錐形壁鎖

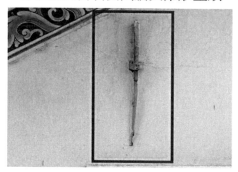

（資料來源：筆者拍攝，2019 年）

圖 3-239 為筆者 2014 年拍攝的配天宮左側山牆尖錐形壁鎖，圖 3-240 為
筆者 2019 年拍攝的配天宮左側山牆尖錐形壁，經過比對，可以看出該廟對於
壁鎖的維護的用心。

朴子配天宮於 2013 年 8 月修復完成，該廟之修復工程工作報告書，詳細
的紀載壁鎖裝置在牆體的原貌以及尺寸資料，可惜該壁鎖因年久失修，以至於
壁鎖植入榫孔之鐵件銹蝕無法辨識，但是修復團隊對於壁鎖之照相、測繪、紀
錄等資料，對於研究者而言俱是非常珍貴的文獻（圖 3-41、圖 3-242）。〔註 33〕

〔註 33〕漢光建築師事務所，《嘉義縣縣定古蹟朴子配天宮修復工程──工作報告書》，
102 年，頁 465。

圖 3-239
朴子配天宮左側山牆尖錐形壁鎖

圖 3-240
朴子配天宮左側山牆尖錐形壁鎖

（資料來源：筆者拍攝，2014 年）　　　　（資料來源：筆者拍攝，2019 年）

圖 3-241　嘉義縣縣定古蹟朴子配天宮正殿右側內牆鐵剪刀紀錄

正殿右牆內側　　　　榫孔入壁處壁　　榫孔入壁處長　　榫孔入壁深度
榫孔內壁鎖位置 981201　鎖植入處鏽蝕　24cm、寬 6cm　　約 30cm

（圖片來源：嘉義縣縣定古蹟朴子配天宮修復工程——工作報告書，102 年 8 月）

圖 3-242　嘉義縣朴子配天宮正殿右側外牆鐵剪刀紀錄

鐵剪刀位置　　　　總長 42cm　　　　　　寬度 5.5cm

鐵剪刀周遭	表面腐朽嚴重（下緣）	表面腐朽嚴重（入壁處）

（圖片來源：嘉義縣縣定古蹟朴子配天宮修復工程——工作報告書，102年8月）

　　朴子配天宮對於壁鎖均拆下做防鏽處理後再裝回原處，該宮廟對於古蹟文物做到盡力保存的程度，這是非常值得學習的態度（圖3-243）。〔註34〕

圖3-243　嘉義縣朴子配天宮正殿左牆壁鎖防鏽處理

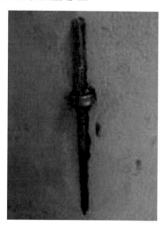

正殿左牆外壁鎖 990624	壁鎖防鏽漆處理後 990624

（圖片來源：嘉義縣縣定古蹟朴子配天宮修復工程——工作報告書，102年8月）

〔註34〕漢光建築師事務所，《嘉義縣縣定古蹟樸子配天宮修復工程——工作報告書》，頁466。

第四章　中國「壁鎖」之田調

第一節　中國田調計畫與依據

李乾朗教授在《台灣古建築圖解事典》中論述「壁鎖」：

壁鎖【鐵剪刀　鐵鉸刀】安置在山牆上的鐵件……，台南寺廟與民宅偶可見之，一說為荷蘭人引進，但中國大陸蘇州、廣西與山西等地亦可見到。台灣如台南孔廟、祀典武廟之大殿皆用之〔註1〕。

李乾朗教授指出大陸蘇州、廣西與山西等地均有壁鎖之發現，且在李乾朗教授的另一本著作《台灣傳統建築》中，亦發現到不同於台灣壁鎖造型的「壁鎖」（圖4-1）；〔註2〕另外，筆者閱讀馮國鄞、顧君編著，〈江南建築構件遺存之美〉，該書中亦有發現不同於台灣「壁鎖」造型的「螞蝗攀」（圖4-2、圖4-3）。〔註3〕因此，筆者就擬定計畫往中國古建築數量眾多的山西、江蘇等地進行田調查訪。

筆者對於大陸「壁鎖」於本2018年起至2019年進行田調查訪，訪查地點包括山西省五台山、江蘇省常熟古鎮、江蘇泰州、安徽省、江西省吉安美陂、富田古鎮、浙江省台州國清寺等計五省十五處，如下：

一、山西省八處：（一）顯通寺、（二）塔院寺、（三）菩薩頂、（四）萬佛閣、（五）碧山寺、（六）廣仁寺、（七）平遙古城、（八）平遙鎮國寺。

〔註1〕李乾朗，《台灣古建築圖解事典》，頁78。
〔註2〕李乾朗，《台灣傳統建築》，臺北：台灣東華書局，1996年，頁22。
〔註3〕馮國鄞、顧君編著，〈江南建築構件遺存之美〉，上海：東方出版中心，2016年，頁15。

圖4-1　位於中國傳統建築山牆上的螞蝗攀，有「壽」字與「燕子」造型

（資料來源：李乾朗，1996年）

圖4-2　江蘇省常熟市民宅螞蝗攀　　圖4-3　江蘇省常熟市民宅螞蝗攀

（資料來源：馮國鄞、顧君編著，2016年，筆者翻拍，2019年）

　　二、江蘇省三處：（一）常熟市沙家浜古鎮、（二）泰州稅務東街蔣科宅、（三）中國科舉博物館。

　　三、安徽省一處：宏村古鎮。

　　四、江西省二處：（一）吉安市美陂村、（二）吉安市富田古鎮。

　　五、浙江省一處：浙江省台州市天臺縣國清寺。

　　以上五個省十五個樣本地點，除了山西省位於長江以北外，其餘在長江以南，在傳統中國地理之北方與南方之分界線為秦嶺淮河，中國古建築也依此分

為北方建築及南方建築。〔註4〕是故，本研究有關中國大陸之田調地點跨越中國北方和南方。以下依田調結果，論述中國「壁鎖」之種類、位址、現況。

第二節 山西省田調記錄與探討

一、山西省八處

在山西省的田調過程，共發現八處壁鎖樣本，其中在五台山有六處。五台山是中國知名的佛教聖地，現存有許多古寺與文化資產，本研究此次五台山地區之田調位置，設定在五台山的中心區台懷鎮附近，主要原因為五台山比較具代表性的寺院均位於這個區域附近，方便筆者進行訪查。在五台山兩年兩次田調，發現有裝設壁鎖的寺院有：顯通寺、塔院寺、菩薩頂、萬佛閣、碧山寺、廣仁寺等六座，探討如下：

（一）顯通寺

1. 顯通寺建築與歷史

顯通寺位於五台山中心區的台懷鎮北側，乃是五台山最大的佛寺。顯通寺舊稱有大孚靈鷲寺、花園寺、大華嚴寺、大吉祥顯通寺、大護國聖光永明寺、永明寺等。顯通寺現有建築物大多為明、清朝時的建築。該寺建築物依中軸線從南到北依序為觀音殿、大文殊殿、大雄寶殿、無量殿、千鉢文殊殿、銅殿和藏經樓等7座建築。〔註5〕因顯通寺在五台山佛教史上有非常重要的地位，有文獻認為顯通寺乃中國最古老的佛寺之一，〔註6〕因此對於顯通寺的緣由，需要特別提出探討。

至於顯通寺的創建時間，有幾種不同的說法，有認為是「東漢明帝時代」說：

（1）《清涼山志》卷第七，第八，歷代高僧傳（上）：

……，摩騰、法蘭於永平十年丁卯十二月至洛陽，……明年春，禮

〔註4〕徐利，《明清江南城鎮空間秩序研究》，斗六：國立雲林科技大學博士論文，2019年，頁6～7；李仁翔，《中國南方傳統大木匠藝發展之研究──以台灣與福建廟宇為例》，雲林：國立雲林科技大學碩論，2014年，頁4、9。

〔註5〕楊連鎖編著，〈山西導遊〉，太原市：北嶽文藝出版社，2002年，頁30；王其鈞編著，〈地上博物館──山西古建築〉，臺北：龍圖騰文化出版社，2011年，頁42～43。

〔註6〕聖嚴法師，《中國佛教史概論》，臺北：法鼓文化，1999年，頁32；崔正森，《五臺山佛教史》，太原：山西人民出版社，2000年7月初版，頁58。

清涼山回，奏帝建伽藍。騰以山形若印度靈鷲山，寺依山名也。帝

復以始信佛化，乃加大孚，孚即信也。始度僧數十居之。〔註7〕

（2）其他書籍相似的說法：

永平十年（67）時，天竺高僧迦葉摩騰、竺法蘭應邀與蔡愔、秦景將佛經用白馬運至洛陽，漢明帝敕建白馬寺。其二僧於永平十一年（68）離開洛陽，一路北上，選擇能建寺弘法之地，到了五臺山（當時名叫清涼山），認為是文殊菩薩的住處，遂稟奏明帝，建造大孚靈鷲寺。〔註8〕

（3）顯通寺寺方說法：

顯通寺始建於東漢明帝永平十一年（68），北魏時稱大孚靈鷲寺。

唐代稱大華嚴寺。明初賜額大顯通寺，萬曆中改永明寺。清康熙二

十六年（1687）復名大顯通寺。占地面積43700平方米，是五台山

歷史最悠久、規模最大的寺院。現存建築均為明、清遺構。中軸線

上，一連七進殿堂，從南到北依次為觀音殿、大文殊殿、大雄寶殿、

無量殿、千鉢文殊殿、銅殿、藏經樓，七重殿宇各具特色，輝煌壯

麗。顯通寺位居五臺山十大青寺和五大禪寺之首，現為全國重點文

物保護單位。〔註9〕

此為顯通寺方公告的顯通寺歷史，如圖4-4、圖4-5所示。

圖4-4　顯通寺的解說牌與平面佈置圖　　圖4-5　顯通寺入口處的解說牌

（資料來源：筆者拍攝，2018年）

〔註7〕鎮澄（明）撰、李裕民審訂，《清涼山志》，太原：山西人民出版社，1989年
1月初版，頁129。

〔註8〕釋見介，《文殊菩薩小百科》，臺北：橡樹林文化出版，2004年，頁95；張玉良
編著，《五臺山實用導遊》，太原市：中國青年出版社，2004年，頁4～5；魏國
祚、魏雪編著，《五臺山導遊》，太原市：山西古籍出版社，2004年，頁8～9。

〔註9〕顯通寺寺方豎立於入口處的解說牌。

對於上述的說法，另有學者提出不同的研究，認為顯通寺的創建年代並
非在「東漢明帝時代」：

（1）學者崔正森之研究：

> ……，但是，《清涼山志》卷三《摩騰、法蘭傳》說，……若依此說，
> 佛教傳入五台山最早的時間，當是漢明帝永平十一年春，大孚靈鷲
> 寺就是五台山最早的寺廟，而且已有「數十」名出家的僧人。但以
> 唐釋慧祥《古清涼傳》和梁釋慧皎《高僧傳》所載，摩騰、法蘭並
> 沒有到五台山。……所以直到西晉中期，佛教還沒有傳入五台山境
> 內。〔註10〕

崔正森引《清涼山志》、《古清涼傳》和《高僧傳》所載內文，論述「摩騰、
法蘭並沒有到五台山」、「直到西晉中期，佛教還沒有傳入五台山境內」。應是
相當可信之史料。

（2）聖嚴法師論述：

> 明帝求法之說，見於《後漢書・西域傳》等的記載。……但在今天，
> 對於夜夢金人及遣使求法的年代，以及有關使節之名字等的文獻考
> 察起來，任憑甚麼理由，當時的中國也沒有和西域間，由朝廷公開
> 派遣使者來往的可能，至於《四十二章經》，乃是後世得自片斷經文
> 的抄錄，不可能被認為是歷史的事實，單就其不脫故事神話的領域，
> 便可判明。……〔註11〕

上述聖嚴法師的觀點，認為明帝求法，乃至於白馬馱經、高僧譯經、明帝
敕建大孚靈鷲寺等說法均非史實。若依此觀點，則顯通寺創建於永平十一年
（68）之說法亦有疑點。

（3）釋德律法師於其碩士論文中引用《古清涼傳》作者慧祥之著作論述：

> 按《古清涼傳》卷上〈古今勝跡三〉載：……慧祥指出建置者與建
> 置年代。大孚寺是北魏孝文帝（471～499）所建，由於孝文帝曾巡
> 遊至此時，親見文殊顯應而發心創建。〔註12〕

在這段文獻中，釋德律法師指出大孚寺是在北魏孝文帝（471～499）時所
建。依照上述幾段文獻之探討論述，筆者也認為顯通寺創建於「北魏時」較符

〔註10〕 崔正森，《五臺山佛教史》，頁58～59。

〔註11〕 聖嚴法師，《中國佛教史概論》，頁32。

〔註12〕 簡慶齡（釋德律），《五臺山文殊信仰的宣揚——《古清涼傳》的研究》，嘉義
縣：南華大學碩論，2010年，頁122～123。

合史實的發展。

2. 顯通寺壁鎖之訪查

在顯通寺關於「壁鎖」的田調，因顯通寺恰逢整修部分屋舍，得以採訪到建築師傅楊反年先生，據他陳述「壁鎖」在當地又稱為「鐵鈀」或「鐵鈀鍋」，他並展示其營建工程上的「鐵鈀鍋」並說明其工法與鍛造過程，如圖4-6、圖4-7。

圖 4-6
顯通寺建築師傅保存的鐵鈀鍋

圖 4-7
顯通寺建築師傅保存的鐵鈀鍋

（資料來源：筆者拍攝，2019 年）

另外，得到顯通寺法師的協助，得以觀察該寺倉庫中存放的壽字形壁鎖並拍攝照片，如圖 4-8 至圖 4-11。

圖 4-8
顯通寺拆卸下來的壽字形壁鎖

圖 4-9
顯通寺拆卸下來的壽字形壁鎖

（資料來源：傳煜法師，2019 年）

圖 4-10
顯通寺拆卸下來的壽字形壁鎖

圖 4-11
顯通寺拆卸下來的鐵釟鋦

（資料來源：傳煜法師，2019 年）

　　顯通寺面積廣大，歷史悠久，且又是五台山上首屈一指的大佛寺，其建築物繁多，修建殿堂時也多能保存傳統之建築工法，因此也觀察到在五臺山形式、數量最多的「壁鎖」與「鐵釟鋦」，諸如卍字形壁鎖、壽字形壁鎖、十字形壁鎖、梭形「鐵釟鋦」等，且其位置分佈於觀音殿、大雄寶殿、伽藍殿上如圖 4-12 至圖 4-19 所示。

圖 4-12
大雄寶殿山牆之鐵釟鋦

圖 4-13
顯通寺不同造型的鐵釟鋦

<table>
<tr>
<td align="center">圖 4-14
觀音殿後簷牆之鐵釟錁</td>
<td align="center">圖 4-15
觀音殿後簷牆墀頭壽字形壁鎖</td>
</tr>
<tr>
<td align="center"></td>
<td align="center"></td>
</tr>
<tr>
<td align="center">（資料來源：傳煜法師，2019 年）</td>
<td align="center">（資料來源：筆者拍攝，2019 年）</td>
</tr>
<tr>
<td align="center">圖 4-16
顯通寺觀音殿後簷牆墀頭之
卍字形壁鎖與十字形壁鎖</td>
<td align="center">圖 4-17
顯通寺觀音殿後簷牆墀頭之
卍字形壁鎖與十字形壁鎖與鐵釟錁</td>
</tr>
<tr>
<td align="center"></td>
<td align="center"></td>
</tr>
<tr>
<td align="center">圖 4-18
顯通寺觀音殿後簷牆之鐵釟錁</td>
<td align="center">圖 4-19
大雄寶殿前簷牆之鐵釟錁</td>
</tr>
<tr>
<td align="center"></td>
<td align="center"></td>
</tr>
</table>

（資料來源：筆者拍攝，2018 年）

在顯通寺的田調過程中，觀察在該寺中一處建築物中有一支「鐵釟錭」鬆脫，因此由寺方人員協助，抽出拍照紀錄，藉此可瞭解大陸「鐵釟錭」跟台灣「壁鎖」的製造、工法及在建築物中跟樑柱結合的方式等相異之處，且「鐵釟錭」之設置位置幾乎分佈於寺廟建築的牆體各處，是值得研究的課題，以上如圖4-20、圖4-21所示。

圖4-20　建物中鬆脫的鐵釟錭 1　　圖4-21　建物中鬆脫的鐵釟錭 2

（資料來源：筆者拍攝，2019年）

（二）塔院寺

塔院寺北邊緊鄰顯通寺，南側靠著萬佛閣，在歷史上，塔院寺原為顯通寺的一部分，塔院寺和它北邊的顯通寺原為一座寺院。明代萬曆七年（1579）萬曆皇帝下旨將顯通寺的塔院擴建為塔院寺，使其和顯通寺分開，成為一座獨立的寺院，取名為塔院寺。寺中的大白塔建於元大德五年（1310）原名慈壽塔，是五台山最明顯的建築物，在五台山眾多佛塔中，塔院寺大白塔最為著名，也是五台山的地標。〔註13〕

明朝萬曆七年到十年（1579～1582），塔院寺院殿宇堂進行改建，塔院寺坐北朝南，由殿院、禪堂和僧舍組成，依其中軸線上主要的建築有山門、鐘鼓樓、天王殿、大慈延壽寶殿、大白塔和大藏經閣、山海樓與文殊髮塔等建築。

若依照上述顯通寺之創建歷史推論，則塔院寺之歷史亦不會早於顯通寺之創建時代。

塔院寺因其原為顯通寺之塔院，故其建築風格頗為相似，至其壁鎖之型式也諸多相像之處，但塔院寺之壁鎖型式較多，如卍字、卐字、壽字、X形、十字形、梭形，如圖4-22至圖4-31。

〔註13〕王其鈞編著，《地上博物館──山西古建築》，2011年，頁43。

圖 4-22
塔院寺伽藍殿墀頭之壁鎖

圖 4-23
伽藍殿墀頭之卍字形壁鎖

圖 4-24
伽藍殿墀頭之壽字形壁鎖

圖 4-25
藏經閣後簷牆之梭形壁鎖

（資料來源：筆者拍攝，2019 年）

圖 4-26
藏經閣墀頭之卍字形壁鎖

圖 4-27
藏經閣墀頭之卍字形壁鎖

（資料來源：筆者拍攝，2019 年）

圖 4-28
藏經閣山牆之卐字形壁鎖

圖 4-29
藏經閣山牆之乐字形壁鎖

（資料來源：筆者拍攝，2019 年）

圖 4-30　塔院寺藏經閣
山牆之 X 形壁鎖以及鐵釟鍋

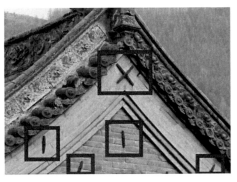

圖 4-31　塔院寺藏經閣
堁頭之壽字形與十字形壁鎖

（資料來源：筆者拍攝，2019 年）

（三）菩薩頂

　　菩薩頂位於塔院寺北邊，是五台山規模最大、保存最完整的喇嘛寺，是五台山藏傳佛教首席，其建築樣式猶如皇宮。高度海拔 1800 米，寺中有一座西禪院是清朝皇帝之五台山之行宮。

　　菩薩頂建於北魏孝文帝時期（471～499），供奉真容文殊菩薩，故其名稱有「真容院」，「奉真閣」「大文殊寺」與「菩薩頂」等。明永樂年間奉敕改建，康熙二十三年（1684）改覆該寺大殿琉璃黃瓦，使其地位凸顯尊貴。清康熙、乾隆皇帝每逢朝禮五台，多宿住該寺。〔註 14〕

〔註 14〕張玉良編著，《五臺山實用導遊》，2004 年，頁 42；楊連鎖編著，《山西導遊》，
　　　　2002 年，頁 34。

　　至於菩薩頂之壁鎖，數量並不多，僅在祖師殿之山牆有發現ㄩ字形一個和十六個梭形壁鎖，分別位於懸魚處和煙板處，如圖 4-32、圖 4-33。

圖 4-32　菩薩頂祖師殿
山牆之ㄩ字形和梭形壁鎖

圖 4-33　菩薩頂祖師殿
山牆之ㄩ字形和梭形壁鎖

（資料來源：筆者拍攝，2018 年）

（四）碧山寺

　　碧山寺位於五台山台懷鎮東北 2 公里處，該寺座西向東，寺中建築物多為明、清時期建造。寺內中軸線上有四座主要建築殿宇，依次為天王殿、毗盧殿、戒壇殿、彌勒殿。關於碧山寺之歷史，學者崔正森的研究論述：

> ……白足僧人惠始又將平城佛教傳入了五台山腹地。到北魏孝文帝時
> 期（471～499），五台山建有岩昌寺、佛光寺、清涼寺、大孚靈鷲寺、
> 碧山寺、嵌岩寺、公主寺、觀海寺等幾十座寺廟。……〔註15〕

上述文獻明確指出碧山寺在北魏孝文帝時期即已建造，同書附錄另記載：

> 碧山寺始建年代為北魏太和年間，現址為五台縣台懷鎮東北二裡處。
> 又名北寺、普濟寺、廣濟茅蓬。明、清、民國年間都予重修，是五
> 台山著名的十方禪寺。……。現存情況：殿堂一零八間……〔註16〕

　　此段論述說明碧山寺現存建物在明、清與民國時期均曾重修過，因此，其建築物可能或多或少會改變其材料或工法。

　　關於碧山寺的壁鎖，數量不少但是造型並不多樣頗為單調，所記錄到的多為ㄩ字形和梭形鐵釟錁。裝置地點遍及山牆懸魚處、煙板、前簷牆與山牆交接處，如圖 4-34 至圖 4-37。

〔註15〕崔正森，《五臺山佛教史》，頁 50。
〔註16〕同上註，頁 886。

圖 4-34
伽藍殿簷牆相交處之梭形壁鎖

圖 4-35
藏經樓左山牆之梭形壁鎖

（資料來源：筆者拍攝，2019 年）

圖 4-36　藏經樓堺頭之卐字形壁鎖

圖 4-37　藏經樓煙板之梭形壁鎖

（資料來源：筆者拍攝，2019 年）

（五）萬佛閣

　　萬佛閣位於塔院寺南邊，原為塔院寺屬廟，創建於明代。寺院建築多為清代重修。主建築有三，一是文殊殿，二是五龍王殿，三是古戲台。萬佛閣又稱五爺廟，因為該廟除了供奉文殊菩薩外，另外還供奉廣濟龍王菩薩，也因為有五爺而香火鼎盛。寺內東側殿內左、右、後面以及二樓的牆壁滿面木製小格中，儘是約 10 釐米大小的泥塑貼金佛像，橫樑上和殿內三壁布滿金佛，合計約有萬尊佛像，所以此殿又稱萬佛殿，此廟又稱為萬佛閣。〔註17〕

　　萬佛閣壁鎖數量及型式不多，只在文殊菩薩殿之右側山牆發現，在山牆懸魚處有一個壽字形壁鎖，在兩側煙板處各有三個卍字形壁鎖，合計七個，如圖 4-38、圖 4-39。

〔註17〕張玉良編著，《五臺山實用導遊》，頁 91；楊連鎖編著，《山西導遊》，頁 35。

圖 4-38　萬佛閣文殊殿
山牆上之壽字形和卍字形壁鎖

圖 4-39　萬佛閣文殊殿
山牆上之壽字形和卍字形壁鎖

（資料來源：筆者拍攝，2018 年）

（六）廣仁寺

　　廣仁寺位於羅睺寺東邊，該寺始建於清代道光十一年（1831），原為羅睺寺的下院，稱為「十方堂」，光緒年間獨立為寺，名廣仁寺。清代康熙年間，羅睺寺由青廟（和尚廟）改為黃廟（喇嘛廟）之後，從甘肅、青海、內蒙古等地來五台山朝拜喇嘛廟的藏族、蒙族信徒日益增多，羅睺寺便另外建築屋舍接待他們，即為「十方堂」。〔註18〕據該寺之解說牌敘述，廣仁寺是一座漢藏建築風格的喇嘛廟。寺內佛像均為銅質，鍍以赤金，具有重要的文物價值。

　　廣仁寺的壁鎖不多，僅在側門門柱發現兩個，但是非常奇特，是使用銅質鍍金，打造成金剛杵的造型，在其他地方未曾見過，如圖 4-40、圖 4-41。

圖 4-40
廣仁寺側門門柱金剛杵形壁鎖

圖 4-41
廣仁寺側門門柱金剛杵形壁鎖

（資料來源：傳煜法師，2019 年）

〔註18〕張玉良編著，《五臺山實用導遊》，頁 72～73。

（七）平遙古城

　　平遙古城位於山西中部的晉中市，是中國著名的歷史文化古城，在 1997
年被聯合國教科文組織評定為世界文化遺產。平遙古城內有許多清末建築的
民居、寺廟、商號、官方建築、公共建築以及著名的古城牆等。古城牆保存良
好，具有古代城牆的建築構成物件包括牆身、馬面、垛口、雉堞、甕城、城門、
馬道均有參考價值，是中國現存最完整的縣級城池。

　　平遙舊稱古陶城、春秋時屬晉，戰國時屬趙、秦置平陶縣、漢置中都縣，
秦始皇統一中國，在此置平陶等數縣，屬太原郡。於魏太武帝拓跋燾時，因避
其名諱，故改陶為遙，於北魏（424）改稱為平遙。平遙古城因有六道主城門而
有「龜城」的說法，以南門為龜首、北門為龜尾，東、西各有 2 門為龜足。

　　平遙古城牆始建於西周宣王時期（前 827～前 782），城牆原為泥土夯實的
牆壁，明代洪武三年（1370）擴建，改建為磚石城牆，後仍有修葺。迄今還保
存著明、清（1368～1911）時期縣城的基本風貌。〔註 19〕

　　平遙古城的田調，在古城內北大街、西大街、東大街三街交匯之處的民居
牆上發現五支梭形壁鎖（圖 4-42）；另外，在平遙西大街段巷 1 號，和義昌客棧
隔壁牆上亦發現兩排梭形壁鎖，應是配合屋內樑的位置而裝置（圖 4-43）。

圖 4-42　　　　　　　　　　　　圖 4-43
三街交匯之民居牆上梭形壁鎖　　西大街段巷 1 號牆上梭形壁鎖

（資料來源：筆者拍攝，2018 年）

（八）平遙鎮國寺

　　鎮國寺位於平遙縣城東北的郝洞村，寺院建築坐北朝南，由兩進院落組

〔註 19〕王其鈞編著，《地上博物館——山西古建築》，頁 74～75；楊連鎖編著，《山西
　　　　導遊》，頁 72～73。

成，寺院分為前後兩部分，寺院建築從南到北依次為天王殿、萬佛殿、三佛樓等。鎮國寺內的建築，大部分是明、清時期的形制，但是萬佛殿基本上卻仍保存五代時期的建築特色，是中國現存古老的木結構建築之一。

鎮國寺始建於五代十國時期北漢時期，原名「京城寺」，北漢天會七年（963）曾重修。明清時寺廟頹敗，清嘉慶二十年（1815）仿照原樣重修了寺內的主要建築萬佛殿。明嘉靖十九年（1540）改稱為鎮國寺。〔註20〕一九九七年十二月三日，平遙古城連同鎮國寺、雙林寺被列為《世界文化遺產名錄》。

鎮國寺的壁鎖，僅在三佛樓的山牆上有發現，分別是右山牆三支，左山牆一支，均為梭形壁鎖，如圖 4-44 至圖 4-47。

圖 4-44
鎮國寺三佛樓正面

圖 4-45
鎮國寺三佛樓左山牆梭形壁鎖

圖 4-46
鎮國寺三佛樓右山牆梭形壁鎖

圖 4-47
鎮國寺三佛樓右山牆梭形壁鎖

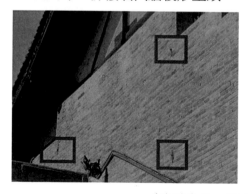

（資料來源：筆者拍攝，2018 年）

〔註20〕 王其鈞編著，《地上博物館──山西古建築》，頁 88～89；楊連鎖編著，《山西導遊》，頁 83。

第三節　江蘇省田調記錄與探討

一、江蘇省三處

（一）常熟市沙家浜古鎮唐市

　　沙家浜鎮位於江蘇省常熟市東南部，距常熟市區 10 公里。境內有唐市、橫涇兩座古鎮，該鎮地勢低窪，河道縱橫，氣候溫和濕潤，沙家浜景區內有蘆蕩濕地、橫涇老街等景點。沙家浜鎮在隋大業十一年（615）時，於其境內的法華庵建朗城，成為鄉民聚居地。後鄉民東移，逐漸聚居於尤涇河及語溪，漸成市集，舊名尤涇。聚居尤涇河畔的鄉民以唐姓居多，對尤涇進一步開發，逐漸繁榮，故改名唐市，隸屬雙鳳鄉第四十三都進賢里。

　　唐市集鎮自明代時起因河而發展成市鎮，水路陸路並行，具有典型的江南水鄉風貌。在其歷史街區普查結果顯示，唐市集鎮的繁榮街、中心街、北新街、倪家弄 4 處歷史街區街巷完整，古建築集中。〔註21〕

　　經訪查沙家浜古鎮唐市中的壁鎖，多存在於較老舊的建築物上，在這些舊建築上常常可以發現當地人使用這種梭形壁鎖作為建築結構的加強設施，這種梭形壁鎖在當地亦稱為「螞蝗攀」，〔註22〕如圖 4-48、圖 4-49。

圖 4-48
北新街 50 號山牆上之螞蝗攀

圖 4-49
北新街 37 號簷牆之螞蝗攀

（資料來源：筆者拍攝，2019 年）

〔註21〕https://baike.baidu.com/item/%E6%B2%99%E5%AE%B6%E6%B5%9C%E9%95%87/10044912?fromtitle=%E6%B2%99%E5%AE%B6%E6%B5%9C&fromid=31032 百度百科 1202 1549

〔註22〕錢岑，《蘇南傳統聚落建築構造及其特徵研究——以蘇州洞庭東西山古村落為例》，2014 年，頁 74～75。

　　唐市中存有許多較老舊的建築物，在該鎮上之金庄莊浜 3 號訪查發現，該戶在其左側山牆上使用一支壁鎖，在其屋內可看見該壁鎖之主要功能本為結合牆體與樑，但或許年久失修，以至於原來架樑之處只用木板支撐，該螞蝗攀之嵌鉤只鎖在木板上。圖 4-50、圖 4-51 所示。

圖 4-50
金庄浜 3 號民宅山牆螞蝗攀

圖 4-51
金庄浜 3 號屋內螞蝗攀與鎖片

（資料來源：筆者拍攝，2019 年）

　　在一些老舊失修的房子，有些螞蝗攀被屋主纏繞鐵絲，成為曬衣繩，對於加強建築物結構的穩定性失去原有的功能，如圖 4-52、圖 4-53。

圖 4-52
北新街 50 號山牆上之螞蝗攀

圖 4-53
北新街 50 號山牆上之螞蝗攀

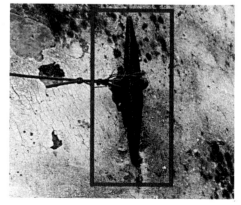

（資料來源：筆者拍攝，2019 年）

　　有些老房子，在其兩邊門柱上都設置螞蝗攀，其目的當亦是為了加強建築物結構的穩定性功能，如圖 4-54、圖 4-55。

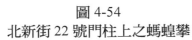

圖 4-54	圖 4-55
北新街 22 號門柱上之螞蝗攀	北新街 37 號門柱上之螞蝗攀

（資料來源：筆者拍攝，2019 年）

（二）泰州稅務東街蔣科宅第

　　泰州蔣科宅第又稱為稅東街明清住宅，地址為江蘇省泰州市海陵區稅東街 112 號，為隆慶進士、監察禦史蔣科舊宅。該古宅建於明萬曆年間，屋堂坐北朝南，分東西兩路，中間以防火巷分隔。西路部分為明式建築，原有大門、楠木廳、穿堂與柏木樓等四進，現址存後面三進，均為硬山式屋頂建築。東邊部分則為清式建築，尚存大門、方閣、堂屋和花園等。1982 年被列為江蘇省文物保護單位。今為泰州市文化館和泰州文化藝術學校。〔註23〕

　　該宅第之螞蝗攀亦如同常熟市古鎮一般，多為梭形。在東路堂屋南側山牆上發現 5 支螞蝗攀，如圖 4-56、圖 4-57。

〔註23〕維基百科，稅東街明清住宅（https://www.wikiwand.com/zh/%E7%A8%8E%E4%B8%9C%E8%A1%97%E6%98%8E%E6%B8%85%E4%BD%8F%E5%AE%85），2019 年 12 月 3 日查詢；泰州新聞網，《泰州古代建築》（http://other.tznews.cn/tzgk/5.htm），2012 年 10 月 05 日，2019 年 12 月 3 日查詢。

圖 4-56　蔣科宅東路堂屋
南側山牆上之螞蝗攀

圖 4-57　蔣科宅東路堂屋
南側山牆上之螞蝗攀

（資料來源：筆者拍攝，2019 年）

（三）泰州學政試院（原：中國科舉院試博物館）

　　學政試院又稱揚郡試院、中國科舉院試博物館，位於江蘇省泰州市海陵區
府前路 2 號，其舊址曾為明代都察院、提督軍務巡撫鳳陽都御史衙門，清代康
熙時改為揚州府所屬州縣的院試場所。

　　該建築是江蘇省內僅存較為完整的院試試院，原建築結構完整，布局為
中軸線上依次為大門前以照壁和東西轅門、大門、儀門、大堂、思補堂、東
樓、西樓、上房、下房、考棚、福神祠等建築。考棚設在儀門和大堂之間的
院子兩側。目前揚郡試院保存完好的原來建築，僅剩大門和思補堂，〔註24〕
如圖 4-58、圖 4-59。

圖 4-58　學政試院大門

圖 4-59　學政試院思補堂

〔註24〕維基百科，《學政試院》（https://zh.wikipedia.org/wiki/%E5%AD%A6%E6%94%
BF%E8%AF%95%E9%99%A2），2017 年 3 月 6 日，2019 年 12 月 3 日查詢。

　　學政試院的壁鎖，與常熟市沙家浜鎮唐市及泰州明御史蔣科宅第之螞蝗攀相同，均為梭形鐵件。發現分佈之建築物包含大堂、思補堂等處，如圖 4-60 至圖 4-63。

圖 4-60
學政試院大堂山牆之螞蝗攀

圖 4-61
學政試院思補堂山牆之螞蝗攀

圖 4-62
學政試院思補堂山牆之螞蝗攀

圖 4-63
學政試院思補堂山牆之螞蝗攀

（資料來源：筆者拍攝，2019 年）

第四節　安徽、江西與浙江田調記錄與探討

一、安徽省一處：安徽省黃山市宏村

宏村位於中國安徽省南部的黟縣縣城東北，自然景觀與人文景觀兼具，是一座有著大量明清時期歷史建築的古村落。宏村鎮古稱弘村，在清代中期，為避乾隆帝「弘曆」之諱，而更名為「宏村」。宏村始祖汪彥濟於南宋紹興元年，舉家從黟縣奇墅村沿溪河而至弘村，在雷崗山一帶建十三間房屋，是為宏村之始。

明仁宗洪熙元年（1425）至明神宗萬曆二十四年（1596），宏村建造樂敘堂、太子廟、正義堂等祠堂、廟宇，逐漸形成同宗同姓的民居聚落。從清代起，又陸續建造南湖書院，樹人堂、三立堂、樂賢堂、承志堂、承德堂、德義堂、碧園等書院與宅第。清代中期，村中曾進行大規模的修建，村內現留存大量明清時期的古建築，包括明代建築 1 幢，清代建築 102 幢，大都保存完好，是徽州民居的典型代表。2000 年，宏村在第 24 屆世界遺產委員會上被列為世界文化遺產。〔註25〕

觀察宏村的壁鎖，其造型均為梭形，分佈在村落中的建築物中，其設置位置也遍佈在建築物的山牆、前後檐牆堂等處，如圖 4-64 至圖 4-71。

圖 4-64　宏村民居山牆上之螞蝗攀　　圖 4-65　宏村民居螞蝗攀之外形

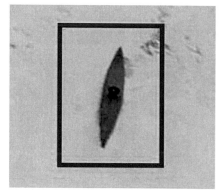

（資料來源：筆者拍攝，2018 年）

〔註25〕余治淮、余濟海編著，《皖南古村落──黟縣西遞‧宏村》，廣東旅遊出版社，2001 年，頁 64～84；每日頭條，〈安徽宏村的汪氏祠堂〉，2018 年 10 月 16 日（https://kknews.cc/zh-tw/culture/kbqej38.html），2019 年 12 月 3 日查詢；維基百科，宏村（https://zh.wikipedia.org/wiki/%E5%AE%8F%E6%9D%91），2019 年 12 月 3 日查詢。

圖 4-66　宏村民居山牆上之螞蝗攀　　圖 4-67　宏村民居山牆上之螞蝗攀

圖 4-68　宏村民居山牆上之螞蝗攀　　圖 4-69　宏村民居山牆上之螞蝗攀

圖 4-70　宏村民居山牆上之螞蝗攀　　圖 4-71　宏村民居螞蝗攀形狀

（資料來源：筆者拍攝，2018 年）

二、江西省兩處

（一）吉安市美陂村

江西渼陂村位於中國江西省吉安市青原區文陂鄉，距離江西省會南昌約2個半小時車程，距吉安城市區 26 公里。渼陂村始建於南宋初年，是中國歷史文化名村，據李夢星敘述：

> 宋高宗紹興年間（1131～1162），渼陂梁氏基祖梁從紳在此肇基構堂，建村立寨，生息繁衍，至今八百餘年，曆傳 30 餘代，生齒日蕃。村中清一色梁姓，500 餘戶，近 2800 人。村古人眾，事繁物厚。……，以儒學倫理來規範族人言行，使這一支家族得到了比較平穩的發展。〔註 26〕

由上述文獻中，得知渼陂村係自宋代即定居於現地，且以梁姓為主，構成同姓同宗之村落。該村中保存許多古建築，且保存狀況很好，許多古建築仍有人居住。該村中仍可見到古宗祠、老街、古書院、古寺廟、舊閣樓等。該村以永慕堂為中心，向外建構各戶之民居，座落在現存一平方公里的村落中，其格局基本上是明清以來所遺，約有 300 多幢明清古建築分佈在村中各處。〔註 27〕

查訪該村之壁鎖資料，據該村村民李冬平告知，「壁鎖」在當地稱為「鐵株」，其功能和台灣的「壁鎖」相同，均是加強建築物的結構穩定而設。該村之「鐵株」型式主要有梭形（圖 4-72）以及梭形帶鉤（圖 4-73），這種梭形帶鉤的「鐵株」，在其他地方並未看過，在美陂村是第一次看到，分布在村中的許多建築物牆體上，設置位置主要也是在建築物的檐牆、山牆上（圖 4-74、圖 4-75）。另外，在該村中發現一種木構件的「壁鎖」，其工法係將梁伸出山牆，在牆外以木製插銷插入該梁的穴孔中，從而達到固定的效果（圖 4-76、圖 4-77）。這種木製壁鎖使用在土磚牆上居多，不知是否與屋主經濟能力有關？尚待研究。

（二）吉安市富田古鎮

江西富田古鎮江西省吉安市青原區，距離吉安市約 40 分鐘車程。富田古鎮的歷史可追溯到三國戰亂時期。富田鎮擁有許多明、清時的古建築，其中以祠堂、廟宇較多。富田王家宗祠誠敬堂，占地面積 3000 多平方米，是一座全

〔註 26〕李夢星編著，《渼陂史話印象美陂》，北京：北京出版社，2018 年，頁 2～3。
〔註 27〕同上註，頁 9。

國罕見的大祠堂。當地其他著名的古蹟建築包括富田古街、胡氏宗祠敦仁堂、景山堂、誠敬堂、文丞相祠、匡氏宗祠崇孝堂、陂下古村等。〔註28〕

圖 4-72
渼陂民居之梭形「鐵株」

圖 4-73
渼陂民居之梭形帶鈎「鐵株」

圖 4-74
渼陂民居檐牆上之「鐵株」

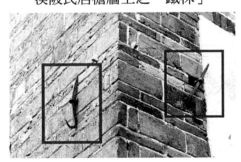

圖 4-75
渼陂祠堂山牆上之「鐵株」

（資料來源：筆者拍攝，2019 年）

圖 4-76
渼陂民居土磚牆上之木「壁鎖」

圖 4-77
渼陂民居土磚牆上之木「壁鎖」

（資料來源：筆者拍攝，2019 年）

〔註28〕百度百科，富田古鎮（https://baike.baidu.com/item/%E5%AF%8C%E7%94%B0%E5%8F%A4%E9%95%87/19935194）。

　　富田鎮居住著匡、文、王三大姓，各姓均建有總祠、分祠、房祠。該村中可見到古宗祠、老街、古書院、古寺廟等古建築等。查訪該村之壁鎖資料，「壁鎖」在當地亦稱為「鐵株」，其功能也和台灣的「壁鎖」及美陂村相同，均是加強建築物的結構穩定而設。該村之「鐵株」型式主要有梭形（圖4-78）及梭形帶鉤（圖4-79），這些「鐵株」分布在許多建築物牆體上，設置位置主要也是在建築物的檐牆（圖4-80、圖4-81）、山牆上（圖4-82、圖4-83）。同樣的，在該鎮中也發現木構件的「壁鎖」，其工法與美陂村相同，不同的是這種木壁鎖也使用在石磚牆上（圖4-84、圖4-85），其原因仍待研究。

圖 4-78
富田鎮民居之梭形「鐵株」

圖 4-79
富田鎮民居之梭形帶鉤「鐵株」

（資料來源：筆者拍攝，2019 年）

圖 4-80
富田民居檐牆上之「鐵株」

圖 4-81
富田民居檐牆上之「鐵株」

圖 4-82
富田民居山牆上之「鐵株」

圖 4-83
富田民居山牆上之「鐵株」

（資料來源：筆者拍攝，2019 年）

圖 4-84
富田古鎮民居之木製「壁鎖」

圖 4-85
富田古鎮民居之木製「壁鎖」

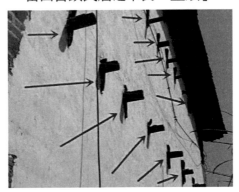

（資料來源：筆者拍攝，2019 年）

三、浙江省一處：浙江省台州市天臺縣國清寺

　　天台山國清寺位於中國浙江台州天台縣佛霞嶺山脈東北，天台山的名稱係得自於天上的天台星。〔註29〕據丁文魁主編《國清寺志》一書敘述：

　　　　天台山國清講寺是中國佛教天台宗的發祥地。隋開皇十八年（五九
　　　　八），晉王楊廣成天台宗實際創始人智顗大師遺願建立。歷代經過多
　　　　次整修，現存建築是清代重修。一九七三年人民政府撥款又做了全
　　　　面整修。有殿宇十四座，房屋六百餘間，主要建築都依清代宮式營

〔註29〕田中淡、渡邊隆生、河原由雄、金沢弘、有馬賴底、中村信光、大槻幹郎、莊
　　　　伯和、李乾朗等著，莊伯和、林瀧野等譯，《中國名山古剎》（下冊），台北：
　　　　雄獅圖書出版，1981 年，頁 85。

造，分布裂五條軸線上。……〔註30〕

在此段文獻中，可以大致上了解國清講寺在中國佛教界，乃至於日本、韓國佛教界的地位。另外，該寺建寺的沿革也有初步的介紹。該書又談到：

> 高僧智者（智顗）大師於南朝陳太建七年（五七五）入天台山，嘗宿於石橋，遇見一位老僧定光對他說：山下有皇太子基，可造寺院。……並預言：「寺若成，國即清。」智者遂萌建寺之志。……隋文帝仁壽元年（六〇一），寺宇出成，稱天台寺。……大業元年（六〇五），楊廣即位，為隋煬帝，……，敕賜「國清寺」名，……〔註31〕

國清寺現存建築為建於清早期的建築，主要建築包括：彌勒殿、雨花殿、大雄寶殿，三聖殿、羅漢堂、禪堂、妙法堂、方丈樓和迎塔樓。九十年代初期，新任方丈可名法師又集資新建了玉佛閣、五百羅漢堂、伽藍殿、和地藏殿，目前國清講寺建築共六百多間房屋，……〔註32〕

依照《國清寺志》紀載，現在國清講寺的建築，新舊參雜。因此，若想要明確的判別建築物的實際年代，則必須要進行深度的研究。

<table>
<tr><td>圖 4-86
國清講寺壽字形「壁鎖」</td><td>圖 4-87
國清講寺設置「壁鎖」的禪房</td></tr>
</table>

（資料來源：筆者拍攝，2019 年）

在國清講寺進行「壁鎖」的查訪，只在觀音殿旁的一間禪房右側山牆懸魚位置，發現一個壽字形壁鎖，如圖 4-86、圖 4-87，其造型與五台山顯通寺、塔院寺之壽字形壁鎖不太相同，如圖 4-88、圖 4-89 所示。顯示中國南北方建築技術之差異。至於寺內其他殿宇則未發現。依筆者研判，是否因為國清講寺歷

〔註30〕丁天魁主編，《國清寺志》，上海：華東師範大學出版社，1995 年，頁序 1。
〔註31〕同上註，頁 1～3。
〔註32〕同上註，頁 19。

經天災兵燹，以致於在多次修建過程中，放棄「壁鎖」之類的建築構件？尚待後續研究。

圖 4-88
五台山顯通寺壽字形「壁鎖」　　　圖 4-89
五台山塔院寺壽字形「壁鎖」

（資料來源：筆者拍攝，2019 年）

小結

從中國大陸田調結果可以發現幾項結論：

一、台灣的「壁鎖」構件，在中國大陸有「鐵釟鍋」、「螞蝗攀」、「鐵釟」、「鐵株」、「牆耙子」、「牆扒子」、「牆釘」、「鐵壁虎」等不同的名稱。

二、「鐵釟鍋」在建築上的工法迥異於台灣的「壁鎖」，但其結合建築物的牆體與梁、柱的目的是相同的。

三、中國大陸的壁鎖樣本，保存都算是正常，有些建築物也傾圮，但壁鎖仍存在。

四、中國大陸之壁鎖設置位置迥異於台灣，且其造型除了寺廟之外，多為梭形或尖錐形。

五、中國大陸之壁鎖有使用木製的材質，與台灣「壁鎖」構件只使用鐵件不同。

第五章　台灣與中國「壁鎖」之探討

　　在經過前幾章的文獻探討與田調論述後，本章以兩岸之「壁鎖」為核心，探討台灣與中國「壁鎖」之異同之處，包括「壁鎖」在建築物之裝置位置、類型、意涵分析。並針對研究結果歸納為四個要點，分別為建築功能、建築裝飾、辟邪祈福、社會文化等做比較。另外對於台灣現存「壁鎖」之數量與現狀，以及存有「壁鎖」之建築物使用、保存做歸納分析。

第一節　兩岸之「壁鎖」之比較

壹、台灣「壁鎖」田調結果之探討

一、台灣壁鎖建物的數量與分佈地點

　　依據本研究第二章第一節之田調結果，筆者共查訪台灣可能存有「壁鎖」之位址共五十八處，其存在地區分別位於台灣中部與南部：

　　（一）台南市五十處

　　（二）屏東縣四處

　　（三）嘉義縣二處

　　（四）雲林縣一處

　　（五）彰化縣一處

　　田調結果發現，在之前許淑娟碩論中曾見到之壁鎖樣本，有些已經消失，有些連建築物也傾圮或重建新建物。另外，本研究也發現台南市中西區大天后宮和信義街 69 號林宅與嘉義縣朴子配天宮均有壁鎖存在，均是田調結果的收穫。台南市田調後，消失七處，發現二處，總計 43 處，如表 5-1。

表 5-1　台南市設置壁鎖建物之田調彙整表

地區別	溪北曾文區			溪北新營區		
區域別	麻豆區	下營區	六甲區	鹽水區	新營區	柳營區
數量	12-3	7	1-1	5-2	2	2-1
累計	9	16	16	19	21	22

地區別	溪南區	原台南市區		
區域別	新化區	中西區	安平區	北　區
數量	4	10+2	3	2
累計	26	38	41	43

（本研究整理，2019 年）
資料來源：修改自許淑娟，《文化融合下的表微——以壁鎖為例》，2011 年。〔註1〕

　　另外，台南市之外的壁鎖樣本田調地區，屏東縣少了二處、嘉義縣多了一處、雲林縣無增減、鹿港鎮一處樣本已消失，故減少二處。本研究田調總計查訪 58 處，尚存有壁鎖之建物剩下 48 處如表 5-2。

表 5-2　台灣設置壁鎖建物之田調彙整表

地區別	屏東縣			嘉義縣		雲林縣	彰化縣
區域別	東港鎮	九如鄉	里港鄉	布袋鎮	朴子市	大埤鄉	鹿港鎮
數量	2-1	1	1-1	1	+1	1	1-1
累計	44	45	45	46	47	48	48

（本研究整理，2019 年）
資料來源：修改自許淑娟，《文化融合下的表微——以壁鎖為例》，2011 年。〔註2〕

　　表 5-1 與表 5-2 中之壁鎖建築物，均為筆者於今（2019）年親自至各該地點田調之結果，本研究查訪之樣本地點係依據許淑娟 2011 年之研究結果，許淑娟原來研究分佈地點在彰化縣、雲林縣、嘉義縣、臺南市與屏東縣等五個縣市，並且仍有壁鎖之建物有 55 處。

　　經筆者查訪發現壁鎖或建物消失導致原有壁鎖減少之樣本數量如下：台南市麻豆區缺少 3 處、鹽水區缺少 2 處、柳營區缺少 1 處、六甲區缺少 1 處，

〔註1〕　許淑娟，《文化融合下的表微——以壁鎖為例》，頁 9～11。
〔註2〕　許淑娟，《文化融合下的表微——以壁鎖為例》，頁 9～11。

共少 7 處；彰化鹿港少 1 處；屏東縣里港鄉少 1 處，東港少 1 處；一共缺少
10 處。

　　筆者另發現台南中西區大天后宮和信義街 69 號林宅與嘉義縣朴子配天宮
等三處有裝置壁鎖。田調後確認還有 48 處建築物尚有壁鎖。其中彰化鹿港、
台南六甲區、屏東里港鄉等三處，均已無壁鎖。臺南市尚有 43 處、雲嘉地區
有 3 處、屏東縣有 2 處。以上 48 處壁鎖建築物之用途分別是寺廟、公共建築
與民宅，其中有 15 處建築物分別是寺廟、城堡、家廟及祠堂，其餘 32 處均為
民宅，如表 5-3。

表 5-3　台灣「壁鎖」所屬建築物屬性分類彙整表

編　號	名　稱	位　址	建築物屬性
1	大天后宮	台南市中西區	民間信仰廟宇
2	祀典武廟	台南市中西區	民俗信仰廟宇
3	水仙宮	台南市中西區	民俗信仰廟宇
4	鹽水武廟	台南市鹽水區	民俗信仰廟宇
5	通濟宮	台南市新營區鐵線橋	民俗信仰廟宇
6	興濟宮	台南市北區	民俗信仰廟宇
7	護濟宮	台南市麻豆區	民俗信仰廟宇
8	三山國王廟	雲林縣大埤鄉	民俗信仰廟宇
9	朴子配天宮	嘉義縣朴子市	民俗信仰廟宇
10	海山館	台南市安平區	民間信仰廟宇（兼會館）
11	西華堂	台南市北區	民俗信仰廟宇
12	台南孔廟	台南市中西區	儒教廟宇
13	安平古堡	台南市安平區	城堡
14	顏氏家廟	台南市下營區紅毛厝	家廟
15	沈氏宗祠	台南市新營區	宗祠
以上 15 處為寺廟及官方等公共建築			

（本研究整理，2019 年）

二、台灣壁鎖在建物上的裝置位置

　　目前 48 處壁鎖在建物上的裝置位置，大多在山牆的鵝頭墜、煙板與鳥踏
上方，但仍有三處樣本設置位置不同，分別是：

1. 下營區友愛街 62 巷 38 號：該戶之壁鎖除護龍之山牆外，在其護龍之外簷牆也裝設 3 支∞形壁鎖，參考圖 3-62、圖 3-63、圖 3-64。

2. 柳營區劉宅：該戶在右邊山牆鳥踏之下裝置至少 4 支 I 形壁鎖，據推測應該是為了牆體內相對位置有柱需要支撐而裝設，參考圖 3-80。

3. 安平蜜餞行：該戶係將原來之老屋拆除重建，因為配合政府補助，所以將原來山牆上的剪刀形與 S 形壁鎖拆下後重新裝在西式樓房的山牆上，應該是紀念性質，參考圖 3-140。

三、台灣壁鎖之類形與意涵

依據本研究田調結果，目前台灣壁鎖可以分為以下幾種：

ʃ形、S形、∞形、Ⅰ形、Ⴟ形、X形、剪刀形、如意形、尖錐形、捲雲形、書卷形、還有非常少見的倒Ⴟ形等約 12 種。這些壁鎖是本研究目前所發現的所有類型，關於其代表意涵，筆者認為基於之前討論之壁鎖功能，故其除建築結構之功能外，尚有美觀（幾乎每種造型都有這種功能），辟邪祈福吉祥之表徵（Ⴟ形、ʃ形、S形、剪刀形、如意形、尖錐形、捲雲形、書卷形等）；另外，不管其類型如何，在台灣清領時代，壁鎖本身可推論就是一種「炫耀」的表徵。

四、台灣壁鎖田調結果之分析歸納

依據本研究田調結果，台灣壁鎖以位置、數量、形式、現況等幾種因素做分析歸納，彙整如表 5-4：

表 5-4　台灣壁鎖田調結果分類彙整表

編號	名　稱	位　址	形　狀	現　況
1	郭舉人宅	台南市麻豆區	剪刀形	6 支
2	護濟宮	台南市麻豆區	剪刀形	5 支
3	林家二房	台南市麻豆區	剪刀形、∞形	9 支
4	林家三房	台南市麻豆區	剪刀形、S 形	6 支
5	林家四房	台南市麻豆區	剪刀形	1 支
6	林家八房	台南市麻豆區	剪刀形	2 支
7	大同街王宅	台南市麻豆區	剪刀形、S 形	3 支
8	大同街吳宅	台南市麻豆區		消失
9	大同街張宅	台南市麻豆區	剪刀形、∞形	12 支

10	民族路李宅	台南市麻豆區	剪刀形、∞形	3支
11	大同街陳宅	台南市麻豆區		消失
12	陳家街屋	台南市麻豆區		消失
13	顏氏家廟	台南市下營區	剪刀形、∞形	6支
14	周宅——祖先	台南市下營區	S形	1支
15	周宅——二代	台南市下營區	剪刀形、S形、∞形	5支
16	邱宅	台南市下營區	剪刀形、∞形	3支
17	玄德街曾宅	台南市下營區	剪刀形、∞形	4支
18	文化街姜宅	台南市下營區	剪刀形、∞形	6支
19	上帝廟旁民宅	台南市下營區	剪刀形、∞形	6支
20	六甲黃宅	台南市六甲區		消失
21	鹽水武廟	台南市鹽水區	∫形	3支
22	八角樓	台南市鹽水區	剪刀形	9支，6支拆下
23	楊宅	台南市鹽水區	剪刀形	8支
24	池宅	台南市鹽水區		消失
25	橋南老街	台南市鹽水區		消失
26	鐵線橋通濟宮	台南市新營區	S形	8支
27	沈氏宗祠	台南市新營區	剪刀形、S形	14支
28	柳營劉家	台南市柳營區	剪刀形、S形、I形	7支
29	柳營林家	台南市柳營區		消失
30	蘇家古厝	台南市新化區	剪刀形、S形	6支
31	蘇家古厝前老屋	台南市新化區	剪刀形	1支
32	蘇有志宅	台南市新化區	剪刀形、S形	6支
33	鍾家古宅	台南市新化區	剪刀形、S形	3支
34	台南孔廟	台南市中西區	S形	4支
35	祀典武廟	台南市中西區	S形、X形	6支
36	陳世興宅	台南市中西區	剪刀形、S形、X形	8支
37	水仙宮	台南市中西區	剪刀形、S形	6支
38	信義街黃宅	台南市中西區	剪刀形、S形	3支
39	天壇後民宅	台南市中西區	I形	4支
40	大仁街蔡宅	台南市中西區	剪刀形、S形	3支
41	伍宅	台南市中西區	I形	8支

42	郭宅	台南市中西區	S形	1支
43	西門路張宅	台南市中西區	剪刀形、S形、I形	11支
44	大天后宮*	台南市中西區	剪刀形、S形	5支
45	信義街林宅*	台南市中西區	剪刀形、I形	4支
46	安平古堡	台南市安平區		只有痕跡
47	海山館	台南市安平區	剪刀形、S形	3支
48	照星蜜餞李宅	台南市安平區	剪刀形、∞形	2支
49	興濟宮	台南市北區	S形	4支
50	西華堂	台南市北區	捲雲書卷形	6支
51	龔家古宅	屏東縣九如鄉	剪刀形、S形、∞形	10支
52	福德街1號	屏東縣東港鎮		消失
53	延平街85號	屏東縣東港鎮	剪刀形、S形	4支
54	永樂路	屏東縣東港鎮		消失
55	三山國王廟	雲林縣大埤鄉	剪刀形	4支
56	興安宮旁民宅	彰化縣鹿港鎮		消失
57	布袋鎮莊宅	嘉義縣布袋鎮	剪刀形	1支
58	朴子配天宮*	嘉義縣朴子市	尖錐形	4支

資料來源：本研究田調彙整，2019年。（本研究整理，2019年）

　　從表5-4中，可以對台灣目前壁鎖的現況有一個大概的了解，在田調過程中，有時會遇到一些狀況，導致無法完全清楚的勘查拍照，但是上表是最接近事實的田調結果，如果沒有見到拍到的壁鎖，則排除在外，因此有些建築物，可能只有紀錄一部份，例如陳世興宅，田調時，剛好政府維修古蹟，因此只能拍攝一面。

　　另外如鹽水八角樓，拆卸下來的壁鎖放置在展示間，亦計算在內。期待留下一些紀錄，俾利往後繼續研究。

貳、中國「壁鎖」田調結果之探討

一、中國壁鎖建物的數量與分佈地點

　　筆者至中國大陸實施田調，受限於中國土地廣大，自無法在短暫的時間全面性的查訪所有的省分。因此，如同前面章節所述，設定幾個學者與文獻曾經發表過的地點田調，分析中國壁鎖建物的分佈地點，如表5-5所示。

表 5-5 中國「壁鎖」所屬建築物分布彙整表

省分別	山西省		江蘇省		安徽省	江西省		浙江省
區域別	五臺山	平　遙	常熟市	泰州市	宏　村	美陂村	富田鎮	天臺縣
數量	6	2	1	2	1	1	1	1
累計	6	8	9	11	12	13	14	15

（本研究整理，2019 年）

　　以上田調之 15 處建築物分別是寺廟、古村、博物館、家廟、祠堂、官邸。其中以山西省之壁鎖數量最多，分別有 7 座佛寺、一處古城；另外，江蘇省則是一處古村、一處官邸、一處博物館；安徽與江西均為古村鎮；浙江天臺也是佛寺，如表 5-6。15 座建築以佛寺 8 座佔多數，古村鎮五座居次。這些佛寺均為古寺，但皆曾修建過，因此推測在其翻修過程，可能盡量要求修舊如舊，以傳統工法修復，因此可以保持這些傳統材料在建築物上。另外，其他古城鎮分別是平遙古城、常熟沙家浜古鎮、安徽宏村古村、江西美陂古村與富田古鎮。這幾座古城鎮分別列為世界遺產與中國古蹟，其受到國家與地方政府之保護，在文化資產與觀光旅遊方面，均有其重要性，因此，基於保護古蹟與增進觀光收益之考量，應該也會盡量保持古建築之風味與工法，對於壁鎖當會盡量保存。

表 5-6 中國「壁鎖」所屬建築物屬性分類彙整表

編　號	名　稱	位　址	建築物屬性
1	顯通寺	山西五臺山	佛寺
2	塔院寺	山西五臺山	佛寺
3	菩薩頂	山西五臺山	佛寺
4	萬佛閣	山西五臺山	佛寺
5	碧山寺	山西五臺山	佛寺
6	廣仁寺	山西五臺山	佛寺
7	平遙鎮國寺	山西五臺山	佛寺
8	平遙古城	山西五臺山	古城
9	沙家浜古鎮	江蘇省常熟市	古鎮
10	稅務東街蔣科宅	江蘇省泰州市	官邸
11	中國科舉博物館	江蘇省泰州市	博物館

12	宏村古鎮	安徽省黃山市	古村
13	美陂古村	江西省吉安市	古村
14	富田古鎮	江西省吉安市	古鎮
15	國清寺	浙江省台州市天臺縣	佛寺

（本研究整理，2019 年）

二、中國壁鎖在建物上的裝置位置

中國大陸之壁鎖在建物上的裝置位置，與台灣壁鎖大不相同，不只在山牆的鵝頭墜、煙板與鳥踏上方，幾乎在建築物的牆體上均可發現壁鎖。審其原因，應該是中國的壁鎖主要功能在於加強建築結構的穩固。因此「壁鎖」在建築物的位置未必在山牆，上述壁鎖建物除了國清寺只在山牆懸魚處發現一個壽字形壁鎖外，其餘建物如泰州科舉博物館、顯通寺、塔院寺、碧山寺、美陂古村、富田古鎮、沙家浜古鎮等，幾乎在建築物上任何位置都會使用到壁鎖。

三、中國壁鎖之類形與意涵

依據本研究田調查訪結果，中國壁鎖可以分為以下幾種：

梭形、尖錐形、尖錐帶鈎形、Ｉ形、卍字形、卐字形、壽字形、燕子形、十字形、金剛杵形、螞蝗形等。其主要功能除建築結構外，在佛寺的卍字形、卐字形、壽字形、十字形、金剛杵形等壁鎖均有辟邪祈福吉祥的意涵。

第二節　台灣與中國「壁鎖」之異同

壹、台灣與中國壁鎖之差異

一、造型上之差異

（一）依前文論述，台灣壁鎖之形狀有：∫形、Ｓ形、∞形、Ｉ形、Ｙ形、Ｘ形、剪刀形、如意形、尖錐形、捲雲形、書卷形、還有非常少見的倒Ｙ形等。

（二）中國之「螞蝗攀」「鐵釟鍋」之形狀有梭形、尖錐形、尖錐帶鈎形、Ｉ形、卍字形、卐字形、壽字形、燕子形、十字形、金剛杵形、螞蝗形等。

二、宗教意涵之差異

（一）在台灣寺廟中有「壁鎖」者如：雲林三山國王廟、嘉義縣朴子配天宮、台南孔廟、祀典武廟、台南興濟宮、台南水仙宮、台南西華堂、台南鹽水武廟、麻豆護濟宮、台南新營通濟宮等，其「壁鎖」之形狀不外乎「Ｓ」形、

「Ｙ」形、「Ｉ」形、「Ｘ」形等形狀。其造型除了鐵剪刀或剪刀尺等符合道教及台灣民俗信仰之辟邪功能外，尚無其他宗教上的意涵。

（二）在中國大陸之山西省五臺山大顯通寺、碧山寺、塔院寺、廣仁寺以及浙江省天臺國清寺，發現之壁鎖形狀有卍字形、卐字形、壽字形、十字形、金剛杵形等，以上壁鎖之造型均有祈福吉祥之意義，不論在佛教、道教、民俗信仰等均有其宗教上之意涵。

三、建築工法上之差異

台灣的壁鎖所結合者，通常係牆體與梁。而中國大陸的鐵釟錭、螞蝗攀等構件，除了梁之外，尚可與木柱結合，產生加強結構之功能，如圖5-1、圖5-2所示。觀察這兩張圖，我們可以瞭解為何大陸的鐵釟錭、螞蝗攀與台灣壁鎖之裝位置為何不同。

圖 5-1　螞蝗攀結合牆體與木柱　　　圖 5-2　沙家浜民宅山牆螞蝗攀

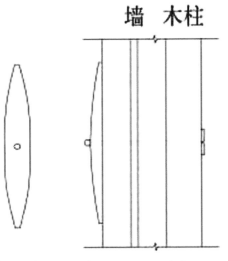

（資料來源：錢岑碩論，2014年）〔註3〕　　（資料來源：筆者拍攝，2019年）

四、在建築物上位置之差異

（一）台灣壁鎖大多位於山牆上，位置普遍位在煙板、鵝頭墜處。

（二）中國之「壁鎖」位置則不限在山牆，在建築物墀頭、背牆、簷牆、檻牆等均有發現，例如山西五臺山顯通寺、塔院寺、碧山寺等。

〔註 3〕 錢岑，《蘇南傳統聚落建築構造及其特徵研究——以蘇州洞庭東西山古村落為例》，頁74。

五、名稱上之差異

（一）台灣之「壁鎖」，一般人稱呼鐵剪刀較多。此外的名稱多為學者特別註記下來形諸於文字，除「鐵剪刀」、「壁鎖」之稱呼外，另有「鐵鉸刀尺」、「鐵家刀」、「鐵鉸刀」等名稱，如表 5-7。

表 5-7　台灣「壁鎖」稱呼分類彙整表

編號	名　稱	稱呼學者	文獻出處
1	壁鎖	1.李乾朗 2.許淑娟	1.李乾朗，《傳統建築入門》，1984 年，頁 14～15。 2.許淑娟，2011 年碩論。
2	鐵剪刀	1.李乾朗、閻亞寧、徐裕健等 2.林會承 3.覃瑞南 4.傅朝卿	1.李乾朗、閻亞寧、徐裕健，《圖解台灣民居》，2017年，頁 104。 2.林會承，《傳統建築手冊——形式與作法篇》，1987年，頁 57。 3.覃瑞南，〈風水鎮物在台灣地區民宅施作的研究〉，2004 年，頁 267～287。 4.傅朝卿，《台灣建築的式樣脈絡》，2013 年，頁 23。
3	鐵鉸刀尺	1.朱鋒 2.黃天橫	1.朱鋒，《臺灣風物》，1965 年，頁 25～26。 2.黃天橫，《臺灣文物論集》，1966 年，頁 303～312。
4	鐵家刀	李乾朗	李乾朗，《台灣建築史》，1980 年，頁 73。
5	鐵鉸刀	1.李乾朗 2.何培夫	1.李乾朗，《台灣古建築圖解事典》，2003 年，頁 78。 2.台南安平的民俗辟邪物，頁 46～47。
6	鐵尺	何培夫	台南安平的民俗辟邪物，頁 46～47。

（本研究整理，2019 年）

（二）中國之「壁鎖」，則有「螞蝗攀」、「鐵鈄鋦」、「鐵鈄」、「鐵搭」、「鐵壁虎」、「鐵株」、「牆耙子」、「牆扒子」、「牆釘」、「牆鈀」等稱呼，如表 5-8。

表 5-8　中國「壁鎖」稱呼分類彙整表

編號	名　稱	稱呼地區	文獻出處
1	螞蝗攀	江蘇	錢岑，2014 年碩論
2	鐵鈄鋦	上海	崔垠，2007 年碩論
3	鐵鈄	山西五臺山	本研究田調訪談，傳煜師父、楊反年師傅
4	鐵搭	江蘇常熟市	本研究田調訪談，李荷英、倪雪華女士
5	鐵壁虎	不確定	柳肅主編，《古建築設計》，2018 年，頁 123
6	鐵株	江西吉安	本研究田調訪談，江西美陂李冬平女士
7	1.牆耙子、2.牆鈀 3.牆扒子、4.牆釘	江蘇泰州 南京	本研究田調訪談，泰州　顧春陽先生

（本研究整理，2019 年）

六、處於何種形式屋頂之差異

（一）台灣之「壁鎖」設置於何種屋頂之建物？據本研究發現，一般民宅大部分存在於硬山式屋頂之古建築牆體上；至於廡殿式、懸山式、歇山式等級較高之屋頂則為寺廟建築居多。

（二）中國大陸之「壁鎖」則在硬山式、懸山式、歇山式、捲棚式屋頂之古建築之牆體上均可發現。

七、壁鎖材料之差異

（一）台灣之「壁鎖」，可能因為數量不多，一般只使用鐵件鍛造。

（二）中國之「壁鎖」則發現有使用銅、木材，且其鐵質壁鎖多為鑄造。

貳、台灣與中國壁鎖相同之處

一、壁鎖在建築之功能相同

台灣壁鎖不論是使用於抬梁式、穿鬥式或擱檁式梁架，主要工法是將梁、桁檁、柱等與牆體結合，而使用壁鎖結合梁與牆體。中國的壁鎖一樣是使用壁鎖結合牆與檁或立柱，藉以增強建築結構，於此功能相同。

二、祈福招祥之功能相同

台灣之剪刀形壁鎖有辟邪意涵，書卷形、捲雲形或如意形，則有吉祥祈福象徵；中國的壁鎖有卍字形、壽字形、金剛杵形則一樣具有吉祥祈福意涵，此功能相同。

三、彰顯之功能相同

台灣之壁鎖係鐵器製作，於清朝限鐵政策下價格昂貴；相同的，中國之鐵壁鎖一般只裝置在以磚石為建材的建物上，貧窮人家以夯土為建材，自無法使用壁鎖，此點也有社會階級與彰顯財富之相同功能。

四、建築裝飾之功能相同

台灣壁鎖之造型約有十多種，例如「S形壁鎖」、「X形壁鎖」、「8字形壁鎖」、「∞型壁鎖」、「Ⅰ形壁鎖」等。這些壁鎖因其特殊的造型，也成為建築裝飾的一環。無論造型如何，在建築裝飾上有一定的美感存在。中國之壁鎖亦有其建築裝飾的目的，例如卍字、卍字、十字、壽字等均與中國傳統社會一樣，只是藉著壁鎖的外型，使用於建築物上，此點與台灣壁鎖一樣，具有建築裝飾之相同功能。

參、台灣與中國壁鎖緣由之探討

對於台灣壁鎖的緣由，學者專家之論述不一，有認為是荷蘭佔領台灣時傳進來的，如高燦榮教授；〔註4〕有認為不確認緣於何處的；〔註5〕有認為可能來自於中國的；〔註6〕多數學者抱持不確定的態度。上述學者之論點，自有其立場，但是嚴格推論，因為缺乏實質的證據與文獻，所以目前尚無法確認壁鎖是來自歐洲諸國（如荷蘭、西班牙、葡萄牙、法國），或者來自於中國先民隨著移民運動，將原鄉的文化一併帶至台灣。

對於台灣壁鎖是否源自於中國原鄉？本研究尚無確定的證據與文獻支持，惟筆者在中國田調時，曾發現一個實例，位於浙江省杭州市富陽區的龍門古鎮，在一戶民宅之門楣上懸掛一支鐵剪刀（如圖5-3），此景物正與台灣「鐵剪刀」壁鎖之辟邪功能相同，該屋主使用鐵剪刀實物，正可說明兩岸文化之連貫性。

圖5-3　浙江省杭州市鐵剪刀

（資料來源：筆者拍攝，2019年）

〔註4〕高燦榮，《燕尾・馬背・瓦鎮》，頁141～144；高燦榮，《藝術家雜誌》，頁172～177；傅朝卿，《台灣建築的式樣脈絡》，頁23。

〔註5〕黃天橫，《台灣文獻》，1976年，頁131；李乾朗，《台灣建築史》，1980年，頁73；林會承，《傳統建築手冊——形式與作法篇》，頁57；李乾朗，《台灣傳統建築》，頁22～23。

〔註6〕李乾朗，《台灣傳統建築》，頁22～23；李乾朗，《台灣建築閱覽》，頁55；李乾朗，《台灣古建築圖解事典》，頁78。

　　另外，筆者搜尋到南京地區亦有鐵剪刀形的鐵扒子，該版主敘述：「牆上常有有鉚釘打入牆內的鐵質梭狀件（南京地區稱鐵扒子，外地稱鐵扒鍋、鐵剪刀）來固定牆體。」〔註7〕該剪刀造型與實際的鐵剪刀非常相像，也跟台灣的剪刀形壁鎖相似，似可印證台灣與中國在此一建築文化上的關係，如圖5-4。

圖5-4　南京江甯南窯村鐵剪刀

（資料來源：無限停更網站，2012年）

肆、台灣壁鎖與歷史文化之探討

一、台灣壁鎖與熱蘭遮城之探討

　　對於台灣壁鎖的來源，另有學者提出依據「熱蘭遮城」的壁鎖遺跡與文獻，而推論台灣的壁鎖式荷蘭人引進，進而成為台灣古建築的構件。〔註8〕筆者認為「熱蘭遮城」雖然是荷蘭據台時代建造，但並不能即據以斷定台灣的壁鎖是荷蘭人引進，理由有：李乾朗教授文獻中曾提及：「中國大陸蘇州、廣東、廣西與山西等地亦可見到壁鎖外」，〔註9〕另外尚有文獻：村上直次郎著，石萬壽教授譯，〈熱蘭遮城築城始末〉一文中，有下述幾段記載：

〔註7〕　無限停更 2012-11-22 https://www.douban.com/note/248632073/南京傳統民居入門。

〔註8〕　許淑娟，《文化融合下的表徵——以壁鎖為例》，頁115～116；蔡明峰，《歷史臺灣》第13期，頁183～186。

〔註9〕　李乾朗，《台灣古建築圖解事典》，頁78。

……西元一六二四年十一月五日宋氏由臺灣港致總督卡爾賓提
（Pieter de Carpentier）的報告書中說：八月二十一日所決議的「於
已經破壞的臺灣砦原址，重新建築新堡」乙案，已付之實行。……
這裡荷蘭的木匠、石匠和工人雖然缺乏，但中國人可以替代……。

同頁中又記載：

……又據巴達維亞城日記一六二五年四月九日條云：我們在臺灣島
南岬所見的城砦……目前尚未完工。……這裡石材和石匠都很缺乏，
很難使城堡像石造的那樣堅固，……這些石匠和材料，本來由中國
供給，以後中國不再供應，遂告中斷，……由此，特地要求總督派
遣各類技工及燒磚工匠來臺灣，以協助建堡工程。〔註10〕

同書他頁中記載：

……一六二五年十月二十九日戴維特呈巴達維亞總督府的報告書也
說：中國人在普羅民遮市所建的房屋，日益增多，目前已有三、四十
間，……市街的周圍，現正雇用中國人等建築竹籬中，……，〔註11〕

……一六二六年二月九日戴維特的報告又說：奧倫治城今由中國人
和公司員工全力趕建之中，城壁的一邊已用紅磚和石灰砌成，厚六
呎……。〔註12〕

　　觀之上述〈熱蘭遮城築城始末〉文中記載得知，荷蘭人建造「熱蘭遮城」
與「普羅民遮城」時急需中國的木匠、石匠和工人，因此，是否中國工匠在建
築「熱蘭遮城」時，將中國建築工法加入「熱蘭遮城」與「普羅民遮城」？另
外，「壁鎖」是否來自荷蘭或由中國移民、工匠引入？這幾點尚須文獻支持，
仍有待研究。

二、台灣壁鎖與歷史之探討

　　對於台灣壁鎖的來源，另有學者從歷史面提出論述：

李乾朗、閻亞寧、徐裕健等教授在《圖解台灣民居》中敘述：

……壁鎖，在台灣又稱鐵剪刀，在荷蘭是一種常用來固定木樑和磚
牆的鐵製構件，稱錨（Anchor）。17世紀荷據時期曾引入這種構件，
目前在台灣城殘跡（1624年）仍可見。在康熙以前的建築仍可見到，

〔註10〕村上直次郎著，石萬壽譯，〈熱蘭遮城築城始末〉，《臺灣文獻》，頁115。
〔註11〕村上直次郎著，石萬壽譯，〈熱蘭遮城築城始末〉，《臺灣文獻》，1975年，頁117。
〔註12〕同上註，頁118。

但乾隆以後不復見，是建築斷代史上的重要依據。這種作法是否確受荷蘭影響抑或由大陸傳入，目前尚無法確認。〔註13〕

依之前論述清朝之限鐵政策，約從康熙45年（1706）至光緒元年（1875）。此169年之間，台灣深受限鐵令之束縛，因此，鐵製器具包含壁鎖均為政府限制之物。乾隆帝在位時間為1735年至1796年，亦即乾隆在即位之前二十年，清朝已經實施限鐵令，故當時之鐵器管制應該已經實施，壁鎖也可能成為限制品了。故李乾朗教授說：「壁鎖……在康熙以前的建築仍可見到，但乾隆以後不復見，是建築斷代史上的重要依據。這種作法是否確受荷蘭影響抑或由大陸傳入，目前尚無法確認。」

筆者認為似可以清朝之限鐵令解釋這段歷史。再者，壁鎖是否為荷蘭或大陸傳入台灣，仍須有更明確的文獻方能釐清。關於壁鎖與限鐵令之歷史關係，從以下表5-9可以看出一些脈絡，在表5-9中以建物之創建年代為排序依據，最早的建物為安平古堡（1624年），依序至第19座建物為麻豆區林家四房創建年代為光緒元年（1875），亦即清朝廢弛限鐵令。另外觀察除13陳世興宅、14郭舉人宅、17鹽水八角樓、18鹽水楊宅、19林家四房外，在限鐵令解除之前，幾乎沒有在其他民宅發現到壁鎖。因此，似乎可以印證在限鐵令之下，能夠裝置壁鎖的民宅，應該擁有財富或功名地位。

表5-9 台灣壁鎖建物創建年代彙整表

編號	名　稱	位　　址	創建年份
1	安平古堡	台南市安平區	1624年
2	台南孔廟	台南市中西區	永曆19年（1665）
3	鹽水武廟	台南市鹽水區	康熙7年（1668）
4	祀典武廟	台南市中西區	永曆年間（1647～1683）
5	興濟宮	台南市北區	永曆年間（1647～1683）
6	水仙宮	台南市中西區	康熙22年（1683）
7	大天后宮	台南市中西區	康熙23年（1684）
8	海山館	台南市安平區	康熙23年（1684）
9	朴子配天宮	嘉義縣朴子市	康熙26年（1687）

〔註13〕李乾朗、閻亞寧、徐裕健等著，《圖解台灣民居》，頁104。

10	通濟宮	台南市新營區鐵線橋	康熙中葉後
11	顏氏家廟	台南市下營區紅毛厝	康熙 59 年（1720）
12	西華堂	台南市北區	乾隆 15 年（1750）
13	陳世興宅	台南市中西區	乾隆 20 年（1755）
14	郭舉人宅	台南市麻豆區	乾隆 40 年（1775）
15	護濟宮	台南市麻豆區	乾隆 46 年（1781）
16	三山國王廟	雲林縣大埤鄉太和街	嘉慶 14 年（1809）創建
17	八角樓	台南市鹽水區	道光 27 年（1847）
18	楊宅	台南市鹽水區	道光年間約 170 年
19	林家四房	台南市麻豆區	光緒元年（1875）
20	林家三房	台南市麻豆區	1881 年
21	林家二房	台南市麻豆區	1885 年
22	林家八房	台南市麻豆區	1885 年

資料來源：許淑娟，2012 年〔註14〕。（本研究整理，2019 年）

三、台灣壁鎖與文化之探討

對於台灣壁鎖之研究，除了傳統建築、建築裝飾、民俗信仰、歷史、經濟富裕的表徵、功名的呈現等領域外，另有學者也提出他們的看法，他們認為「壁鎖」可能具有其他功能，包括文化，以下就關於「壁鎖」在文化面向文獻探討：

（一）黃天橫先生在〈歐洲的壁鎖〉一文中論述：

　　……，東西方之差異是，東洋的只在建築物的側面，且沿著建築物蓋子的規帶釘入樑材而已，歐洲的壁鎖是在建築物的前後面及側面且上方及下方都有。這點是由建築物構造之差異而來的差異，其加強建築物構造之牢固的目標是一致的……。〔註15〕

此為黃天橫先生對於「歐洲的壁鎖」之看法，黃天橫至歐洲旅遊並實地拍攝歐洲壁鎖的照片，另從日本長崎獲得壁鎖照片，從而做出東西方壁鎖之差異論述。他認為「歐洲壁鎖」和「東洋壁鎖」在建築上都有加強建築物構造的目標功能，所不同者在於壁鎖所處位置的不盡相同，東洋的壁鎖只位於建築物的

〔註14〕許淑娟，《文化融合下的表徵──以壁鎖為例》，2011 年。
〔註15〕黃天橫，〈歐洲的壁鎖〉，《台灣文獻》新 2 期，頁 123～130。

側面，而歐洲壁鎖遍及建築物之前後上下方。此段論述對於壁鎖在文化層面而言，深具意義：

第一、印證日本與歐洲均有壁鎖存在。

第二、東方與歐洲壁鎖所在位置不同，可能緣於其建築材料與工法之差異。

第三、日本壁鎖之照片來自於「長崎荷蘭阪」，此發現又可印證荷蘭曾經到日本長崎貿易定居，並傳入其建築文化。

此為東西方文化交流的例證，透過「壁鎖」讓研究者瞭解歷史文化交流之運行軌跡。

（二）李乾朗教授在《傳統建築入門》中論述：

> ……我們可以發現台灣在清代中期之後，乃至今天，廟宇建築特別發達而且具有精緻華麗的藝術風格，為大陸各省所不及。探究他的原因，乃導源於在初期艱辛的墾拓社會中，對宗教信仰產生高度的依賴性。一方面為感恩酬神，另一方面台灣漸趨富庶的經濟環境所致。如此循環，互為因果，建廟修廟之風大盛，終匯成台灣民間文化的特色。……文化本身是有生命的，他必需不斷地吸收養分，台灣的傳統建築除了自身歷史文化的整合所形成的蛻變外，在歷史發展階段裡也曾吸收了外來的技術與形式。例如台南一帶的廟宇及民宅上可以在山牆上看到有如剪刀形的鐵件，這可遠溯至三百多年前由荷蘭人所引進的加強構造之技術，稱為壁鎖。〔註16〕

李乾朗教授於此段論述，談到廟宇建築發達之遠因，並論及台灣傳統建築經由本身的歷史文化交融整合，以及吸收外來民族的不同文化，終而產生蛻變。在《傳統建築入門》中，李乾朗教授提出他對於壁鎖與文化的看法。

（二）何培夫教授在〈壁鎖探源〉一文中，敘述剪刀與「鐵鉸刀」的祈福辟邪功能，另外又認為壁鎖係傳自荷蘭的建築遺風，甚至在歐洲巴黎、布魯塞爾、阿姆斯特丹等地，也發現許多不同造型的壁鎖。但因為尚無法蒐集到相關文獻，因此只能以「約定成俗」的文化演進方式，解釋壁鎖成為辟邪物的原因。〔註17〕

〔註16〕李乾朗，《傳統建築入門》，台北：行政院文化建設委員會，1984 年，頁 14～15。

〔註17〕何培夫，〈壁鎖探源〉，《臺灣古蹟與文物》，臺中：臺灣省政府新聞處，1997 年，頁 156～159。

小結

台灣與中國壁鎖在幾個面向的比較之下，歸納出幾個結論：

一、台灣壁鎖在建物上的裝置，有其固定的牆體與位置，探其原因，推斷可能是由於建築工法上的要求，經由山牆與樑的位置結合，從而產生增強結構的功能。

二、中國壁鎖在建築物的裝置上，則無一定的位置，其原因也是因應建築工法，在牆體與樑或立柱之結合點即可裝置壁鎖。

三、台灣壁鎖因為清朝限鐵令之故，有一百多年在建築上無法普及，因此至今數量稀少，且成為少數階級的「炫耀」與「彰顯」的表徵。中國的壁鎖也相同。

四、台灣與中國壁鎖之比較，經分析共有七種差異，分別是造型、宗教意涵、建築工法、在建築物上位置、名稱、處於何種形式屋頂、壁鎖材料。而其相同之處有四種：在建築上之功能、祈福招祥之功能、彰顯之功能、建築裝飾。

第六章　結論與建議

壹、結論

　　經由田野調查與文獻分析，本研究歸納以下幾點結論：

　　1. 台灣的「壁鎖」之所在位置，均為寺廟的正殿或三川殿與民宅正廳的山牆上，就民宅而言，在社會階級的意涵而言，彰顯的是民宅主人其在該時段的台灣社會中的獨特地位，這種地位被賦予的來源有經濟能力、科舉功名、地方仕紳等，亦即不外乎金錢、政治與聲望。

　　2. 中國的「鐵釟鋦」與「螞蝗攀」不只位於為寺廟的正殿或三川殿與民宅正廳的山牆上，包括建築物的檐牆、墀頭、山牆與後檐牆等，均可發現「鐵釟鋦」與「螞蝗攀」的存在。因為本研究樣本中之民宅，有部分屬於一般平民，並無特別的財富與功名，因此，就民宅在社會階級的意涵而言，並無彰顯民宅主人社經地位的社會階級意涵。

　　3. 台灣的「壁鎖」因為清朝領台後的治台政策，實施限鐵措施，故鐵器對於台灣社會屬於管制物品，相對而言也造成鐵價昂貴、有行無市，所以能用鐵器製成「鐵剪刀」、「壁鎖」之物，並裝置在建築物山牆部位者，大多有其特殊之社會地位與財力背景，這是台灣的「壁鎖」的歷史性證明。

　　4. 台灣的「壁鎖」與中國的「鐵釟鋦」與「螞蝗攀」，在建築結構之結合補強功能，其效果有一致性，但台灣的「壁鎖」所注重者在於山牆牆體與桁檁之結合；而中國的「鐵釟鋦」與「螞蝗攀」則在建築物的立面、兩側山牆與後牆都可見到，其功能表現在於建築物的補強，並無一定的規制。

　　5. 台灣的「壁鎖」所呈現的造型，不同於傳統建築的裝飾圖像，比較起

傳統建築之裝飾圖像，可稱是較小眾且獨樹一幟；而中國的「鐵釟鍋」在寺廟建築中，所呈現的「卍」字、「卐」字與「壽」字均可在其他建築發現，故可歸納：台灣的「壁鎖」造型與中國的「鐵釟鍋」有其建築裝飾之共同功能。

6. 台灣的「壁鎖」有剪刀造型，俗稱為「鐵剪刀」，在台灣的民俗宗教信仰中，剪刀有其辟邪驅凶之功能；而中國的「鐵釟鍋」的「卍」字、「卐」字與「壽」字，在一般傳統建築中，也有辟邪、吉祥的意涵，此點在民俗宗教方面，有其共同性。

7. 本研究發現，從中國北方的山西乃至南方的江西、江蘇、安徽、浙江等地區，均有發現「鐵釟鍋」與「螞蝗攀」，或許可以推測是建築技術隨著歷史與文化軌跡而傳播、交融。另外，在台灣嘉義朴子也發現「鐵釟鍋」造型的鐵構件，或許也是一樣的移民歷史的重現。

8. 對於台灣壁鎖是否源自於中國原鄉？目前尚無證據與文獻證明。另外，台灣壁鎖是否緣於荷蘭？亦無文獻證明。

9. 在日本與荷蘭均有發現壁鎖，可印證東西方文化的交流，透過「壁鎖」讓研究者瞭解歷史文化交流之運行軌跡。

貳、研究貢獻

本節以要點的方式列出本論文的貢獻，本研究參考一些之前學者的研究文獻，加上筆者前往中國大陸與台灣多處田野調查樣本，對於壁鎖之研究有一些前人可能尚未發現之處，以下以重要性排序敘述：

1. 本研究新發現台南市大天后宮、信義街林宅與嘉義縣朴子配天宮也有壁鎖，且配天宮壁鎖之形狀為其他地區所沒有，具獨特性，雖然嘉義縣布袋鎮莊宅有壁鎖，但其造型為剪刀狀，且其裝置部位在山牆之懸魚處，與朴子配天宮之壁鎖裝置在烟板下不同。審視目前本研究田調之壁鎖樣本，此為目前台灣唯一的尖錐形壁鎖。

2. 許淑娟在 2011 年研究台灣壁鎖結果發現有 55 處，本研究田調發現缺少 10 處，再加上新發現三處共計 48 處。9 年之間台灣壁鎖因其存在建築物之拆除、毀損或其他因素，以致於僅存這些數量，對於歷史與文化文物之保存，實在是值得吾人注意的警訊。

3. 台灣之壁鎖存在之地點，依據許淑娟之研究，多存在於港口或船隻可通行處，而其裝置之屋主多為官宦仕紳富豪地主之類；而中國大陸的壁鎖，其

存在地點與裝置建築物不限於富豪仕紳、官宦世家，亦且在寺廟、官方建築（御史大夫官邸）、公共建築（宗祠）、山區、都市、鄉下均可發現。因此，中國大陸的壁鎖之用途應以建築結構之加固性為主要目的之一。

4. 中國大陸的壁鎖具有許多台灣壁鎖許沒有的形狀，其用途亦不限於建築結構、另有祈福（卍字、卐字、壽字），辟邪（剪刀狀）之功能。對於兩岸壁鎖之功能與意義之相異性及共同性提出具體的說明與證據。

5. 本研究對於壁鎖之功能提出不同見解，並佐以詳細的學術文獻，證明壁鎖除了建築結構之加強外，尚有辟邪、祈福、裝飾、社會與經濟之目的性，且對於歷史與文化之研究，具有重要、獨特的功能。

6. 台灣壁鎖存在之建築物，前人研究研判是士族富豪或寺廟、官方建築方得以設置；本研究提出歷史論述，分析台灣壁鎖之裝置，有可能係因為清朝之限鐵令導致物以稀為貴之社會現象，從而使有財有勢之大戶人家設置壁鎖，作為炫耀的象徵。對於台灣壁鎖之可能緣由，提出不同之見解證據。

參、研究限制

本研究之限制可概分為兩大類，第一類：在田野調查時，因為壁鎖設置之建築物多屬古建築，在台灣做田野調查查訪該類建築物時，時常遇到的問題有以下幾點：

1. 建築物年代久遠，因此無人居住，無法進入該建築物查訪。

2. 建築物老舊，因此雜草叢生，雜物覆蓋建築物，以致無法仔細查看壁鎖。

3. 建築物之持有人去世，後代子孫無法了解壁鎖之由來。

4. 建築物年久失修，大門深鎖，無法進入查訪。

另外，在台灣之古建築若非列入古蹟或歷史建築，其所有人或使用人對於壁鎖又較無專業常識，恐無法保護，也增加田調之難度。

在中國大陸做田野調查時，時常遇到的問題有以下幾點：

1. 台灣至中國大陸，路途遙遠，且有些樣本存在的地點位於窮鄉僻壤，須要花費較多的交通時間，壓縮到調查的時間，另外有些地點無法深入調查。

2. 中國大陸設有壁鎖之建築物，許多是寺廟、公共建築物，在田野調查時，訪問僧人、行政人員等，因其對於壁鎖並非專業，因此不一定可以得到答案。

3. 許多建築物，因為文化大革命之故，以及經濟建設之需，屋主易人，

無法進行深入的查訪。

4. 建築物年久重修，已非原貌，因此無法得到解答。

研究限制在於有關壁鎖之文獻蒐集，蓋因壁鎖之樣本不多，存在區域狹小，因此，可以蒐集到的文獻有限，造成在了解壁鎖之緣由，以及解答壁鎖之問題時，有相當的難度。

以上數點，為進行研究時之限制，包括實地田調時遭遇的阻礙，與文獻蒐集之不易。在未來進行研究時，仍須盡全力克服。

肆、後續研究

本研究之結果只解決一部份有關壁鎖之疑問，未來仍有一些關於壁鎖的問題尚待研究解答：

1. 包括荷蘭、西班牙、英國、法國等均曾到過台灣，或者佔領殖民過，是否是這些國家將「壁鎖」引進台灣？

2. 台灣壁鎖的源由如何？關於台灣壁鎖的源由，學者專家眾說云云，台南「熱蘭遮城」城牆遺跡上之壁鎖痕跡，或許可證明荷蘭人建造該城堡，但尚無直接文獻證明該城牆之壁鎖乃至於台灣的壁鎖為荷蘭人引進台灣，否則淡水紅毛城為何無壁鎖之發現？

3. 中國大陸壁鎖的源由？歐洲壁鎖是否曾傳入中國？

4. 除了本研究所發現之幾個省份地區外，是否還存在其他地區？

5. 中國與台灣壁鎖是否具有歷史的臍帶關係？

6. 許淑娟 2011 年之研究結果，其研究樣本從彰化至台南，然後直接到屏東，為何高雄沒有做出壁鎖之研究？是否沒有發現或其他因素？

7. 「熱蘭遮城」與「普羅民遮城」在建築時，曾引用中國工人與匠師，因此「壁鎖」是否來自荷蘭或由中國移民、工匠引入？尚待研究。

以上問題都是筆者在研究過程中所產生之問題，期待未來繼續研究探討，以解答這些疑問。

伍、建議

經由這一段研究壁鎖的過程，筆者對於文化資產與兩岸文化、歷史，有了更進一步的認識。筆者於 2019 年 6 月 3 日訪查台南市安平區延平街 82 號照興蜜餞行，該商行在 99 年拆除重建，100 年 7 月落成，屋主李于麗表示：「原有之壁鎖已拆除，現懸掛於該建築物左側牆壁上，因文化局有補助重建，故保

留該壁鎖在西式洋樓牆上，當作紀念。」對於文化資產的保存與文化資產持有者之處分文化資產，一直是一個不容易解決的難題。

漢寶德先生曾說：「如果把建築看作文化的具體表徵，那麼一個民族傳統建築的滅亡就應該是該文化的衰亡。」〔註1〕

漢寶德先生又說：「建築界不能把傳統建築看骨董看待，也不能把傳統建築的語彙轉譯為裝飾的素材當雜貨出售。」〔註2〕

這兩段話對於現今台灣許多文化資產、文物、古蹟的保存，不啻是警言！文化資產是前人留給我們最珍貴的遺產，期望政府與民眾一起珍惜，也能盡量保持原貌流傳給後人。

〔註1〕漢寶德，《建築‧歷史‧文化：漢寶德論傳統建築》，台北：暖暖書屋，2013年，頁21。
〔註2〕同上註，頁37。

徵引文獻

一、史籍

（一）中文史籍

1. 王必昌總輯，《重修臺灣縣志》（1752），高賢治主編，《臺灣方志集成清代篇》第一輯第 12 木，台北：宗青圖書，1995 年。

2. 余文儀，〈續修臺灣府志〉（1762）卷十五，《台灣文獻叢刊》第 121 種，高賢治主編，《臺灣方志集成清代篇》第一輯第 7 本，台北：宗青圖書，1995 年。

3. 林謙光，《澎湖臺灣紀略》（1685），《臺灣文獻叢刊》第 104 種，台北：台灣銀行經濟研究室，1961 年。

4. 高拱乾編修，《臺灣府志》，台北：文建會，2004 年。

5. 黃叔璥，〈赤嵌筆談〉，《臺海使槎錄》（1724），《台灣文獻叢刊》第 4 種，台北：台灣銀行經濟研究室，1958 年。

6. 薛志亮主修、謝金鑾、鄭兼才總纂，《續修臺灣縣志》卷五，台北：文建會，2007 年。

（二）日文史籍

1. 栗山俊一，〈安平城址と赤崁樓に就て〉，《臺灣文化史說》，臺南市：臺南州共榮會台南分會，1930 年。

二、近人專書

1. 丁天魁主編，《國清寺志》，上海：華東師範大學出版社，1995 年。

2. 午榮編彙，易金木譯註，〈魯班經——建築和木工營造經典指南〉，台北：日月文化出版，2008 年。

3. 王效青主編，《中國傳統建築術語辭典》，台北市：建築情報季刊雜誌社，2003 年。

4. 王其鈞，《中國建築圖解詞典》，新北市：楓樹坊文化出版社，2017 年。

5. 王其鈞編著，《地上博物館——山西古建築》，台北：龍圖騰文化出版社，2011 年。

6. 田永复，《中國古建築知識手冊》第二版，北京：中國建築工業出版社，2019 年。

7. 田中淡、渡邊隆生、河原由雄、金沢弘、有馬賴底、中村信光、大槻幹郎、莊伯和、李乾朗等著，莊伯和、林瀧野等譯，《中國名山古刹》（下冊），台北：雄獅圖書出版，1981 年。

8. 朱浤源，《撰寫博碩士論文實戰手冊》，台北：正中書局，1999 年。

9. 伊能嘉矩原著，國史館臺灣文獻館編譯，《臺灣文化志》（中卷），台北：台灣書房出版有限公司，2015 年。

10. 伊東忠太原著，陳清泉譯補，《中國建築史》，台北：臺灣商務印書館，1981 年。

11. 伊東忠太原著，劉雲俊、張曄譯，《中國古建築裝飾》上冊，北京：中國建築工業出版社，2006 年。

12. 余治淮、余濟海編著，《皖南古村落——黟縣西遞・宏村》，廣東旅遊出版，2001 年。

13. 李乾朗，《台灣建築史》，台北：北屋出版，1980 年。

14. 李乾朗，《傳統建築入門》，台北：行政院文化建設委員會，1984 年。

15. 李乾朗，《台灣建築史》，台北：雄獅，1995 年。

16. 李乾朗，《台灣傳統建築》，台北：台灣東華書局，1996 年。

17. 李乾朗，《台灣建築閱覽》，台北：玉山社出版，1996 年。

18. 李乾朗、俞怡萍，《古蹟入門》，臺北：遠流出版，1999 年。

19. 李乾朗，《台灣古建築圖解事典》，台北：遠流出版，2003 年。

20. 李乾朗，《台灣建築史》，台北：五南圖書，2008 年。

21. 李乾朗、閻亞寧、徐裕健，《圖解台灣民居》，新北市：楓書坊文化，2017 年。

22. 李夢星編著,《漢陵史話印象美陵》,北京:北京出版社,2018 年。

23. 呂理政,〈傳統信仰與現代社會〉,台北:稻鄉出版社,1992 年,頁 45。

24. 何培夫,〈台灣的民俗辟邪物〉,《臺灣古蹟與文物》,台中:臺灣省政府新聞處,1997 年。

25. 何培夫,《臺南市古蹟導覽》,台南:台南市政府,1995 年。

26. 何培夫,〈台南安平的民俗辟邪物〉,《驅邪納福:辟邪文物與文化圖像》,國立傳統藝術中心,2004 年。

27. 林川夫編著,《民俗臺灣》(第七輯),台北:武陵出版有限公司,1998 年。

28. 林會承,《傳統建築手冊——形式與作法篇》,台北:藝術家出版,1987 年 9 月出版。

29. 涂順從,《南瀛古廟誌》,台南:台南縣政府,1994 年。

30. 柳肅主編,〈結構形式的選擇〉,《古建築設計》(第二版),湖北省武漢市:華中科技大學出版社,2018 年。

31. 高燦榮,《燕尾馬背瓦鎮》,台北:南天書局,1989 年。

32. 高凱俊,《臺灣城殘蹟》,台南:台南市政府文化局,2014 年。

33. 徐錫玖主編,《中國仿古建築構造與設計》,北京:化學工業出版社,2017 年。

34. 梁思成,《中國建築史》,台北:明文書局,1981 年。

35. 梁思成,《新訂清式營造則例及算例》,台北:明文書局,1985 年。

36. 梁思成,《營造法式注釋》,台北:明文書局,1984 年,頁 29。

37. 馮國鄞、顧君編著,〈江南建築構件遺存之美〉,上海:東方出版中心,2016 年。

38. 康鍩錫,《台灣古厝圖鑑》,台北:貓頭鷹出版,2003 年。

39. 康鍩錫,《台灣古建築裝飾圖鑑》,台北:貓頭鷹出版,2012 年。

40. 康鍩錫,《台灣廟宇深度導覽圖鑑》,台北:貓頭鷹出版,2014 年。

41. 莊耀嘉編譯,《馬斯洛》,台北:桂冠圖書出版,1990 年。

42. 張志遠,《台灣的古城》,台北縣:遠足文化出版,2007 年。

43. 張紹載主編,〈中國的建築藝術〉(第二版),台北:東大圖書公司,1979 年。

44. 張玉良編著,《五台山實用導遊》,太原市:中國青年出版社,2004 年。

45. 崔正森，《五台山佛教史》，太原：山西人民出版社，2000 年 7 月初版。

46. 崔玉卿，《清涼山傳志選粹》，太原：山西人民出版社，2000 年 6 月初版。《清涼山志》卷三《摩騰、法蘭傳》。

47. 傅朝卿，《台南市古蹟與歷史建築總覽》，台南：台灣建築與文化資產出版社，2001 年。

48. 傅朝卿，《台灣建築的式樣脈絡》，台北：五南圖書，2013 年。

49. 傅熹年，《中國古代建築十論》，上海：復旦大學出版社，2004 年。

50. 黃天橫，〈臺南的壁鎖〉，《臺灣文物論集》，南投：中華大典編印會、臺灣省文獻委員會，1966 年。

51. 黃文博，《台灣民間信仰與儀式》，台北：常民文化出版，1997 年。

52. 聖嚴法師，《中國佛教史概論》，台北：法鼓文化，1999 年。

53. 楊連鎖編著，《山西導遊》，太原市：北岳文藝出版社，2002 年。

54. 董芳苑，《探討台灣民間信仰》，台北：常民文化出版，1996 年。

55. 漢寶德，《認識中國建築》，台北：聯經出版事業公司，1997 年。

56. 漢寶德，《建築・歷史・文化》，台北：暖暖書屋文化事業公司，2013 年。

57. 漢光建築師事務所，《嘉義縣縣定古蹟樸子配天宮修復工程——工作報告書》，102 年。

58. 劉治平，《中國建築類型與結構》，新北市：尚林出版社，1984 年。

59. 閻亞寧、王明蓀、陳昶良、簡雪玲，《嘉義縣縣定古蹟朴子配天宮調查研究》，委託單位：朴子配天宮董事會，台北：中國技術學院，2005 年。

60. 潘谷西、郭湖生、劉敘杰、侯幼彬、樂衛忠等編，《中國建築史》（新一版），台北：六合出版社，1994 年。

61. 樓慶西，《中國建築形態與文化》，台北：藝術家出版社，1997 年。

62. 樓慶西，《中國古建築二十講》，台北：聯經，2003 年。

63. 樓慶西，《裝飾之道》，台北：龍圖騰文化，2013 年。

64. 蕭兵著，《避邪》，香港：萬里書店，2004 年。

65. 謝宗榮，《台灣的信仰文化與裝飾藝術》，台北：博揚文化，2003 年。

66. 謝宗榮，《臺灣的民俗信仰與文化資產》，台北：博揚文化，2015 年。

67. 鎮澄（明）撰、李裕民審訂，《清涼山志》，太原：山西人民出版社，1989 年 1 月初版。

68. 魏國祚、魏雪編著，《五台山導遊》，太原市：山西古籍出版社，2004 年。

69. 藤島亥治郎著，趙芳如譯，《台灣原味建築》，台北：原民文化，2000 年。

70. 釋見介，《文殊菩薩小百科》，台北：橡樹林文化出版，2004 年。

三、期刊論文

1. 王譽琪，〈福現台灣──以建築裝飾圖像為例〉，《文化資源經典講座暨研究生學術研討會論文》，台北：國立臺北藝術大學文化資源學院，2008 年。

2. 朱鋒，〈鐵鉸刀尺〉，《臺灣風物》第 15 卷第 4 期，台北：台灣風物雜誌社，1965 年。

3. 伊能嘉矩原著、國史館臺灣文獻館編，《臺灣文化志（修訂版）》上卷，台北：臺灣書房出版社，2011 年初版。

4. 李堅萍，〈廟宇工藝形式的繁複與極簡美學──麟洛鄉玄天上帝仁聖宮與新埤鄉天上聖母天后宮工藝形式之比較〉，《2008 宗教藝術研討會論文集彙編》，屏東：國立屏東教育大學，2008 年。

5. 村上直次郎著，石萬壽譯，〈熱蘭遮城築城始末〉，《臺灣文獻》第 26 卷第 3 期，1975 年。

6. 林榮盛，〈清代台灣的鐵器管制初探（1706～1875）〉，《洄瀾春秋》第 8 期，花蓮：國立東華大學歷史學系暨研究所，2011 年 10 月，頁 17～41。

7. 高燦榮，〈臺灣建築「鐵剪刀」的原鄉探索〉，《藝術家雜誌》第 223 號，台北：藝術家出版社，1993 年。

8. 張崑振、徐明福、張嘉祥、王貞富，〈台南地區傳統建築壁鎖之研究〉，《建築學報》第 23 期，台北：中華民國建築學會建築學報，1997 年。

9. 黃天橫，〈歐洲的壁鎖〉，《台灣文獻》新 2 期，南投：臺灣省文獻委員會，1976 年。

10. 覃瑞南，〈風水鎮物在台灣地區民宅施作的研究〉，《台南女院學報》第 23 期，台南：台南科技大學，2004 年。

11. 楊裕富、許峰旗、董皇志，〈傳統建築圖像裝飾工藝設計──六合法則〉，《設計學報》第 17 卷第 4 期，雲林：國立雲林科技大學設計學院，2012 年 12 月。

12. 葛康馨，〈城垣記事──再探熱蘭遮城〉，《興大歷史學系刊　興史風》第 19 期，台中：國立中興大學史學會，1972 年。

13. 劉淑音,〈談隱喻圖樣的民間雕造——從台南大天后宮門枕石雕「慶領封印」說起〉,《臺灣工藝》第 11 期,南投:國立臺灣工藝研究發展中心,2002 年 4 月。

14. 劉淑玲、張靜宜,〈新營的開發與沈氏宗族〉,《高苑學報》第 14 卷,高雄:高苑科技大學,2008 年 7 月。

15. 蔡明峰,〈淺談傳統建築山牆之拉結鐵件構造:比較臺南市「壁鎖」與江蘇、徽州「鐵鈀鍋」之研究〉,《104 年博物館與臺灣史論文發表會》,台南:國立臺灣歷史博物館,2015 年。

16. 蔡明峰,〈淺談原臺南市的「壁鎖」源起與構造〉,《歷史臺灣》第 13 期,台南:國立臺灣歷史博物館,2017 年。

四、學位論文

1. 王佑洲,《剪刀鏡符之研究》,台南:國立台南大學台灣文化研究所碩論,2007 年。

2. 毛紹周,《臺南大天后宮的歷史與場域之研究》,嘉義縣:南華大學環境與藝術研究所碩論,2011 年。

3. 吳子京,《台南安平海山館的歷史人文與藝術》,台南:成大藝研所碩士論文,2002 年。

4. 李仁翔,《中國南方傳統大木匠藝發展之研究——以台灣與福建廟宇為例》,雲林:國立雲林科技大學碩論,2014 年。

5. 林志斌,《烈嶼民間信仰儀式觀點下的空間防禦系統》,金門:國立金門大學閩南文化研究所碩論,2013 年。

6. 徐利,《明清江南城鎮空間秩序研究》,雲林:國立雲林科技大學設計學研究所博士論文,2019 年。

7. 許毓良,《清代臺灣的軍事與社會——以武力控制為核心的討論》,台北:國立台灣師大歷史研究所博士論文,2004 年。

8. 許淑娟,《文化融合下的表徵——以壁鎖為例》,台南:國立台南大學台灣文化研究所碩論,2011 年。

9. 張宇彤,《金門與澎湖傳統民宅形塑之比較研究——以營建中的禁忌、儀式與裝飾論述之》,台南:國立成功大學建築學研究所博士論文,2001 年。

10. 張君豪,《朴子——一個近海街市的歷史變遷》,桃園:國立中央大學歷史所碩士論文,2002 年。

11. 張嘉鎂,《台南大天后宮的石刻與彩繪裝飾研究》,新北市:國立臺灣藝
    術大學造形藝術研究所碩士論文,2008 年。

12. 陳亭儒,《從符號學角度詮釋傳統吉祥圖案之研究——以蝙蝠吉祥圖案
    為例》,新竹市:國立新竹教育大學美勞教育學系碩士班,2004 年。

13. 陳桂蘭,《台南縣民宅門楣辟邪物研究》,台南:國立台南大學台灣文化
    研究所碩論,2005 年。

14. 崔垠,《硬山民居建築的地域技術特色比較》,上海:同濟大學建築與城
    市規劃學院碩論,2007 年。

15. 楊怡瑩,《清代至日治時期恆春城內空間變遷研究(1875~1945)》,台
    北:國立臺北藝術大學建築與古蹟保存研究所碩論,2008 年。

16. 劉淑音,《台灣傳統建築吉祥裝飾——集瑞構圖的表現與運用》,台北:
    臺北大學民俗藝術研究所碩論,2003 年。

17. 錢岑,《蘇南傳統聚落建築構造及其特徵研究——以蘇州洞庭東西山古
    村落為例》,江蘇:江南大學設計藝術學碩論,2014 年。

18. 蔡沛玹,《台北保安宮的建築藝術及其保存之道》,新北市:輔仁大學宗
    教學系碩士在職專班,2014 年。

19. 謝宗榮,《台灣辟邪劍獅研究》,台北:國立藝術學院傳統藝術研究所碩
    士論文,2000 年。

20. 簡慶齡(釋德律),《五臺山文殊信仰的宣揚——《古清涼傳》的研究》,
    嘉義縣:南華大學碩論,2010 年。

21. 蘇怡玫,《建築磚雕藝術研究——以淡水河流域之古建築為例》,新北市:
    國立臺北大學民俗藝術研究所碩論,2008 年。

22. 蘇筱嵐,《彰化南瑤宮石雕裝飾藝術研究》,新北市:國立臺北大學民俗
    藝術研究所碩論,2011 年。

23. 蘇妍文,《台灣傳統寺廟建築震害現象及改善研究》,台南:國立成功大
    學建築學研究所碩論,2003 年。

五、網路資料

1. 島上旅行 Jimmy Island 部落格(島上旅行‧Jimmy Island 部落格,《鹿港
   ｜興安宮‧山櫻花》,2011 年 5 月 14 日)(http://jimmylin46.pixnet.net/
   blog/post/263265898-%E9%B9%BF%E6%B8%AF%E2%94%82%E8%88%

88%E5%AE%89%E5%AE%AE%E2%80%A7%E5%B1%B1%E6%AB%BB%E8%8A%B1），2019-07-4 查詢。

2. ETtoday 新聞雲，《超過百年歷史荷蘭風文物鹿港唯一「鐵剪刀」不見了》，2014-06-22（https://www.ettoday.net/news/20140622/370447.htm#ixzz5sjc0hRiY），2019-07-4 查詢。

3. 仿古建築，《百度文庫》（https://baike.baidu.com/item/%E4%B8%8B%E7%A2%B1），2019-07-14 查詢。

4. 中央研究院數位文化中心：《開基天后宮正殿屋架》，2019-07-18 查詢（http://catalog.digitalarchives.tw/item/00/32/ef/be.html）。

5. 沙家浜鎮，《百度百科》，2019-12-02 查詢（https://baike.baidu.com/item/%E6%B2%99%E5%AE%B6%E6%B5%9C%E9%95%87/10044912?fromtitle=%E6%B2%99%E5%AE%B6%E6%B5%9C&fromid=31032）。

6. 陳正憲，C. H. CHEN，〈麻豆林家文舉人釋疑〉，2017 年 9 月 10 日（https://www.facebook.com/notes/ch-chen/%E9%BA%BB%E8%B1%86%E6%9E%97%E5%AE%B6%E6%96%87%E8%88%89%E4%BA%BA%E9%87%8B%E7%96%91/1950105161668008/），2019 年 12 月 1 日查詢。

7. 百度百科，《富田古鎮》（https://baike.baidu.com/item/%E5%AF%8C%E7%94%B0%E5%8F%A4%E9%95%87/19935194），2019 年 12 月 3 日查詢。

8. 泰州新聞網，《泰州古代建築》（http://other.tznews.cn/tzgk/5.htm），2012 年 10 月 05 日，2019 年 12 月 3 日查詢。

9. 維基百科，《稅東街明清住宅》（https://www.wikiwand.com/zh/%E7%A8%8E%E4%B8%9C%E8%A1%97%E6%98%8E%E6%B8%85%E4%BD%8F%E5%AE%85），2019 年 12 月 3 日查詢。

10. 維基百科，《學政試院》（https://zh.wikipedia.org/wiki/%E5%AD%A6%E6%94%BF%E8%AF%95%E9%99%A2），2017 年 3 月 6 日，2019 年 12 月 3 日查詢。

11. 維基百科，《宏村》（https://zh.wikipedia.org/wiki/%E5%AE%8F%E6%9D%91），2019 年 12 月 3 日查詢。

12. 每日頭條，《安徽宏村的汪氏祠堂》，2018 年 10 月 16 日（https://kknews.cc/zh-tw/culture/kbqej38.html），2019 年 12 月 3 日查詢。

13. 臺灣大學圖書館特藏組，《水仙宮清界勒石記》，《國立臺灣大學深化臺灣

研究核心典藏數位化計畫：臺灣古拓碑》00026，台北：台灣大學。（http://
dtrap.lib.ntu.edu.tw/DTRAP/frontpage），2019 年 12 月 3 日查詢。

14. 無限停更 2012-11-22 https://www.douban.com/note/248632073/南京傳統民
    居入門，2019 年 12 月 3 日查詢。

六、工具書

1. 三民書局編纂委員會編，《大辭典》（初版），台北：三民書局，1985 年。

2. 凌紹雯、高樹藩等編，《新修康熙字典》，台北：啟業書局，1996 年。

3. 夏征農主編，《辭海》（初版），台北：臺灣東華書局，1992 年。

4. 陳振鵬、章培恆主編，《古文鑒賞辭典》（上冊），上海：上海辭書出版，
   1997 年。

5. 臺灣中華書局編輯部，《辭海》（臺十二版），台北：臺灣中華書局，1974
   年。